木槵子壹仟貳佰玖拾陸顆　蜜□□□

牙鏤梳壹拾箇　牙鏤棊子貳拾

昕壹箇長一尺　鐵精壹斤

蘇芳貳伯肆拾斤

物綿伍伯斤　絲參拾斤

買新羅物并儲價等如前謹解

天平勝寶四年六月廿三日

監修者——五味文彦／佐藤信／高埜利彦／宮地正人／吉田伸之

［カバー表写真］
『鑑真和上東征絵伝』に描かれた遣唐船

［カバー裏写真］
鴻臚館跡出土の中国産陶磁器

［扉写真］
買新羅物解

日本史リブレット 14

東アジア世界と古代の日本

Ishii Masatoshi
石井正敏

目次

「人物」の移動

グローバル、ITといった言葉は、現代の社会を象徴する語として今やすっかり定着している。しかし国際化、情報社会はなにも現代に始まるわけではない。四方を海に囲まれ海外との交流が困難とみられる日本▲にあっても、程度の差こそあれ、いつの時代にも国際交流が行われ、国際社会の動静に対する関心は高く、海外情報の収集・分析と対応は、とりわけその時々の支配層にとって重要な課題であった。古代とて例外ではない。いわゆる大化改新《たいかのかいしん》の背景には、中国の南北朝《なんぼくちょう》を統一した隋《ずい》(五八一〜六一八)から唐《とう》(六一八〜九〇七)への転換を体験し、そのエネルギーを目のあたりにして帰国した留学生《るがくしょう》の先進的知識・情報があり、律令《りつりょう》を継受して国家の体裁を急速に整える過程は、まさにその典型

▼**日本の国号**　「日本」の国号は天武《てんむ》・持統《じとう》朝から使用され、大宝《たいほう》律令で正式に採用されたとみられている。唐には七〇二(大宝二)年入唐の遣唐使粟田真人《あわたのまひと》一行によって伝えられた。『旧唐書《くとうじょ》』東夷伝《とういでん》には倭国《わこく》条・日本国条が併載され、『新唐書』東夷伝以降は日本国条が定着する。以下、本書においては、倭の時代も含めて、日本の表記を用いることとする。

的な例である。海外情報が国内の政治・社会など諸方面に大きな影響をあたえた具体例をさらにあげると、七五九(天平宝字《てんぴょうほうじ》三)年に立てられた新羅《しらぎ》征討計画がある。結局、実行はされなかったが、この一見無謀にみえる計画樹立の直接的な契機は渤海《ぼっかい》から伝えられた安史《あんし》の乱(七五五〜七六三)による唐国内混乱の情報にあり、計画には渤海も深くかかわっていたと推測されている(七九ページ参照)。また史上に著名な八九四(寛平《かんぴょう》六)年のいわゆる遣唐使《けんとうし》廃止を進言したとされる菅原道真《すがわらのみちざね》の意見書提出も、唐から届いた現地の情勢を伝える一通の日本人留学僧の手紙が契機となっている(八四ページ参照)。

　このように、日本の歴史が中国や朝鮮半島を中心とする地域の動静と深くかかわりながら推移してきたことについては、あらためていうまでもないことであろう。こうした日本のおかれた国際的環境をさして「東アジア世界」▲という言葉が用いられている。高度な文化国家を形成した中国を中心に、漢字・儒教《じゅきょう》・仏教・律令法などを指標として、濃淡の差はあれ、なんらかの形で中国文化の影響を受け、共有した地域をさしており、日本はその東端に位置している。

　中国(漢民族)には、みずからを天帝《てんてい》の命令を受けて天下を支配する天子《てんし》(皇

▼**「東アジア世界」**　東洋史家の西嶋定生氏が一九六二(昭和三十七)年に発表した論文「六〜八世紀の東アジア」で中国の王朝を中心とした政治的関係である冊封関係を基軸として展開された歴史的世界を東アジア世界と呼び、日本列島の歴史を一国の枠組みを超えた広い視野からみることの重要性を論じて以来、一般に用いられるようになった。

▼**夷狄**　東夷・西戎《せいじゅう》・南蛮《なんばん》・北狄《ほくてき》をいう。

▼**蕃国**　蕃は藩と同じで垣根をいい、天子の周囲にあって王室を守る諸侯国の意味がある。

▼**高句麗**　?〜六六八年。三一三年に中国がおいた楽浪《らくろう》郡をおとしいれ、朝鮮半島北部から中国の東北地方にいたる広大な領域を支配した。日本(倭)とは「広開土王《こうかいどおう》陵碑《りょうひ》」にみられるように、初めは敵対関係にあったが、六一八年には隋軍の侵攻を告げる使者が来日

し、以後滅亡にいたるまで派遣が続いた。

▼**百済**　?〜六六〇年。四世紀の中ごろ、朝鮮半島西南部の馬韓《ばかん》諸国を伯済《はくさい》国が中心となって統合し成立した。日本とは早くから交流があり、仏教を伝え、五経博士《ごきょうはかせ》を派遣するなど、文化の発展に大きな影響をあたえた。

▼**新羅**　?〜九三五年。四世紀の中ごろ、朝鮮半島東南部の辰韓《しんかん》諸国を斯盧《しろ》国が中心となって統合し成立した。骨品《こっぴん》制と呼ばれる強固な血縁的身分制や花郎《かろう》という青年戦士集団組織を軸に、中国の律令法を取り入れるなど国家の組織を整えた。統一後は中央集権の実をあげたが、九世紀にはいると王位をめぐる内紛が続き、やがて地方豪族の反乱も加わって群雄割拠となった。九三五年、新羅王がその一人王建《おうけん》にくだり、滅亡した。

帝)の徳化がおよび高度な文化をもつ中華《ちゅうか》(化内《けない》)とし、周辺の民族・地域を徳化がおよばず文化的にも劣る夷狄《いてき》▲(化外《けがい》)として区別する世界観(華夷《かい》思想)が基本にあり、天子は徳治によって化外を化内に変えることが求められている(王化《おうか》思想)。その化外にある国はまた蕃国《ばんこく》▲(藩国)とも称される。夷狄が中華と交流を結ぶには皇帝に信義の品を献上する行為(朝貢《ちょうこう》)が必要とされ、それに対して朝貢してきた夷狄の首長を王などに任じて(冊封《さくほう》)、その支配を認め、先進の文物を返礼の品(回賜《かいし》)としてあたえる儀式が行われた。日本は倭《わ》と呼ばれて前漢《ぜんかん》の時代に東アジア史上に登場して以来、中国歴代の王朝から高句麗《こうくり》▲・百済《くだら》▲・新羅▲などとともに東夷《とうい》の一国に位置づけられている。

日本の歴史は、対外交流を通じて東アジア国際社会の一員としての自覚を深め、海外情勢に対応しながら推移していく歴史であるともいえる。本書では、おもに律令国家成立以後の対外交流の足跡を外交と貿易を軸にしてながめてみることにしたい。そこで本書におけるキーワードは「人物の移動」に集約される。「人物」といえば、今日では一般に人そのものといった意味で用いられているが、本来の語義は「人《ひと》と物《もの》」をあわせた言葉である。七五二(天平勝宝《しょうほう》四)年に入唐《にっとう》した遣唐船の梶取り川部酒麻呂《かわべのさかまろ》は、帰途発生した船火事で手に火傷をおいながらも梶をしっかりと握り続け、船を無事に帰着させることができた。酒麻呂は「もって人物を存する」、つまり遣唐使「人」と唐で得た「物」とを身をもって守ったことにより特別昇進されている(『続日本紀《しょくにほんぎ》』宝亀《ほうき》六〈七七五〉年四月壬申《じんしん》条)。

人にともなって物が移動し、物を移動させるために人が動く。その物のなかには形をとる工芸品や書籍のようなものもあれば、形をとらない技術・情報のようなものも含まれる。①章では「人」の代表として公使による交流を取り上げ、②章では有形の「物」とそれを伝える人びと、そして③章では無形の「物」としての情報を扱うことにしたい。なお史料的な制約から、叙述の中心が国家間の交流にかたよりがちなことを、あらかじめお断わりしておかなければならない。

①—日本律令国家の対外交流

東アジア世界への対応

国家（王権）が国際社会との関わりをもつ目的には、文物や知識（人）・技術（者）の入手、領土的野心などさまざまなものが考えられるが、五世紀に再三にわたり中国南朝の宋《そう》に朝貢《ちょうこう》して、「使持節都督倭《しじせつととくわ》・百済《くだら》・新羅《しらぎ》・任那《みまな》・秦韓《しんかん》・慕《ぼ》韓《かん》・六国諸軍事《しょぐんじ》」（倭王珍《ちん》の自称例）といった官職を求めた倭の五王《ごおう》の対中国外交（『宋書《そうじょ》』倭国伝《わこくでん》）に明らかなように、日本の王権が古代国家の形成に向けて歩み始めたころからもっともエネルギーをそそいだのは朝鮮諸国との政治的位置関係であった。日本外交の政治的関心はつねに朝鮮諸国にあり、新羅・百済・高《こう》句麗《くり》よりも上位にありたいとの認識が根本にあった。倭の五王以来およそ一世紀の空白をへて、隋《ずい》の時代にふたたび中国外交を再開すると、たちまち問題となったのが、六〇七（推古《すいこ》十五）年に遣隋使《けんずいし》小野妹子《おののいもこ》が進めた「日出《い》づる処《ところ》の天子《てんし》、書を日没《ぼっ》する処の天子に致す。恙《つつが》なきや」云々という国書▲である（『隋書▲』倭国伝）。隋は別格と認識しながらも天子を称して対等を求める外交を展開しようとし

▼**隋への国書問題**　この国書をみて煬帝《ようだい》はよろこばなかったという（『隋書』）。その理由については、本来世界に唯一の存在であるべき天子《てんし》の称号を東夷《とうい》の首長が名乗ってきたこと、あるいは「書を致す」という書き方が、そもそも対等の間柄で用いられる書式であるため、といったような意見がだされている。

▼**『隋書』**　隋の正史。全八五巻。本紀《ほんぎ》・列伝《れつでん》は六三六年、その他の志《し》などをあわせて六五六年に完成した。巻八一・東夷伝に倭国の条があり、六〇〇年の倭王阿毎多利《あめたり》思比孤《しひこ》の使者の来貢以下、関係記事をおさめる。

たのは、すでに隋に冊封《さくほう》されている朝鮮諸国よりも上位にありたいとする目的からである。これは隋を倒して興った唐《とう》に対しても同様で、六三〇（舒明《じょめい》二）年の日本の最初の遣唐使犬上御田鍬《いぬがみのみたすき》▲を送って来日した唐使高表仁《こうひょうじん》▲が、「日本の王子（もしくは王）と礼を争い」使命を果たせずに帰国したという（『旧唐書《くとうじょ》▲』倭国伝、『新唐書《しんとうじょ》▲』日本国伝）、第一次日唐交渉決裂の原因は、冊封を行おうとする唐使と、それを拒否する日本側とのトラブルによるものとみられている。

このののちも日本は遣唐使の派遣を続けるが、唐は日本に冊封を強要したようすはみられない。唐には日本を冊封という形式で、より緊密な関係におく必要を感じず、朝貢をしてくれればこれを受け容れるという程度の存在とみなしたことによるものであろう。しかし日本にとって冊封を受けることがなかったことは、唐を「隣国」（対等）とする主張を可能にする重要な意義があり、冊封を受けた朝鮮諸国とは異なった立場を維持しながら、東アジア世界の一員として国際社会に対応していくことになる。

▼**犬上御田鍬**　これより先、六一四（推古二十二）年には最後の遣隋使として派遣されている。

▼**高表仁**　尚書右丞《しょうしょうじょう》・鴻臚卿《こうろきょう》など中央の官を歴任したが、来日のときは新州刺史《しんしし》であった。『旧唐書』倭国伝などでは、「綏遠《すいえん》（遠方を懐柔する）の才なし」と評されている。

▼**『旧唐書』**　唐の正史。全二〇〇巻。五代後晋《こうしん》の九四五年に成立。巻一九九・東夷伝に倭国条・日本国条があり、七〇二年入唐の粟田《あわたの》真人《まひと》以降が日本国として記述されている。

▼**『新唐書』**　唐の正史。全二二五巻。北宋の一〇六〇年に完成。『旧唐書』の増訂をめざして編纂された。体裁・文章は整っているが、原史料に手を加える欠点もみられる。巻二二〇・東夷伝に日本国条がある。

律令法における世界観

このような背景のなかで成立した律令《りつりょう》国家は、どのような世界観、対外認識を法体系のなかに示しているのであろうか。日本の律令編纂▲の歩みについては諸説あるが、飛鳥浄御原《あすかきよみはら》律令をへて大宝《たいほう》律令の完成（七〇一〈大宝元〉年）により、名実ともに古代国家の体裁が整ったとすることに異論はないであろう。この年の正月元日には新羅の使者も参列した儀式が行われ、「是《ここ》において、文物の儀、備はれり」と『続日本紀《しょくにほんぎ》』には記されている。大宝律令のあと、若干の増訂を加えた養老《ようろう》律令が編纂され、律令編纂事業は一段落を告げる。

日本が模範とした隋唐の律令▲は、天子（皇帝）が官人を指揮して万民を統治するための法という性格がある。日本が唐律令を継受するに際しては、当然のことながら多くの改変が加えられているが、理念・原則に変わりはない。華夷《かい》思想・王化《おうか》思想を基本に、天皇▲が中華《ちゅうか》の頂点に位置し、その支配がおよぶ範囲を化内《けない》、およばない地域を化外《けがい》とし、化外に新羅・百済・高句麗などの蕃国《ばんこく》、蝦《え》夷《みし》・隼人《はやと》などの夷狄《いてき》を配置する世界観が示されている。そこで問題となるのは唐の位置づけである。天下に唯一の支配者の統治法である律令にあっては、他

▼日本の律令編纂　六六八（天《てん》智《じ》七）年の成立とする近江《おうみ》令については存在を否定する意見もあり、体系的法典として確実なのは六八九（持統三）年に班賜《はんし》された飛鳥浄御原令（二二巻）に始まる。ただし、このときは律は編纂されず唐律を準用したとみられるので、日本における律令の完成は大宝律令（律六巻、令一一巻）になる。その後七一八（養老二）年ごろに養老律令（各一〇巻）が編纂され、七五七年に施行された。律の大半は失われたが、令は『令義解』『令集解』によって養老令のほぼ全容を知ることができる。

▼大宝律令の参考書　大宝律令が直接の模範とした唐の律令は六五一（永徽《えいき》二）年に施行された永徽律令とみられている。

▼天皇号の成立　使われ始めた時期について異論はあるが、君主号としての成立は天武《てんむ》天皇のときとする見解が有力である。

に同格の支配者を認めるものではない。いかに唐ではあっても蕃国に位置づけなければ日本の律令国家は完成しない。律令条文の本文に唐の語が記されている例は少ないが、その一つの賦役令《ぶやくりょう》▲外蕃還条《げばんかん》に、「蕃使（公使）が外蕃より帰国したら一年の課役を免除する。その唐への使者は三年の課役を免除する」とある。文脈からいって、唐も外蕃（蕃国）▲に含まれていることは明らかである。

対外交流のあり方

律令国家が想定した対外交流のあり方について、律令条文から知られるものはつぎのとおりである。

(1)蕃国から日本へ――①蕃客《ばんきゃく》、②帰化《きか》（投化）、③その他

(2)日本から蕃国へ――①蕃使、②没落（漂着・抄略《しょうりゃく》・王事《おうじ》）、③謀叛《むほん》

まず蕃国からの来日では、蕃客は国家使節のことで、大宝律令以降では、唐・新羅および渤海の使者になるが、法文解釈のうえではすでに滅亡した百済・高句麗も含まれている。帰化（投化）は化外の人が日本（天皇）の徳を慕って渡来する「帰化」人をいい、国内の「寛国《かんこく》」すなわち班田《はんでん》にゆとりのある国に住ま

▼**賦役令**　大宝・養老令の編目の一つ。調《ちょう》・庸《よう》・雑徭《ぞうよう》など租税制度の基本を定めた条文をおさめる。

▼**唐も蕃国**　その他、唐人を「遠蕃の人」（『日本後紀』延暦十四〈七九五〉年七月辛巳条）と称し、「遠く本蕃を辞し」（『日本後紀』延暦十七〈七九八〉年六月戊戌条）などとする表現もみられる。

わせるとされている(戸令《こりょう》▲没落外蕃条)。大宝令同条には、「帰化」人のなかに「若《も》し才伎《さいぎ》(才能や技術をもつ者)がいれば奏聞《そうもん》して勅《ちょく》を聴け」との文言があり、「帰化」人の知識・技術に期待していたことがうかがえる。この文言は養老《ようろう》令では省かれたが、「帰化」人への期待がなくなったのではなく、渡来した人には在地の国司《こくし》らが渡来の事情や特技などを必ず聴取したうえで朝廷に報告するので、あえて不要として省かれたのである。

　注意しなければならないのは、化外からの渡来人がすべて「帰化」人かというと、そうではないことである。蝦夷・隼人は「帰化」の対象とはなっていない。また七四六(天平《てんぴょう》十八)年、出羽《でわ》国に渤海《ぼっかい》人および鉄利靺鞨《てつりまっかつ》▲人一一〇〇余人が「化を慕ひて」来朝したが、移住は認めず、衣服と食料を支給して帰国させている(『続日本紀』同年是年条)。七七九(宝亀《ほうき》十)年にも同じく出羽国に渤海および鉄利靺鞨人三五九人が「化を慕ひて」来朝したが、ほぼ同様の措置で帰国させている(『続日本紀』同年九月庚辰《こうしん》条)。いずれも「化を慕ひて」来朝す、と表明している相手に帰化を認めていない。大人数を一度に受け容れることの治安上の問題を考慮したとも考えられるが、かつて百済滅亡後、その亡命者らおよそ二〇〇〇

▼戸令　飛鳥浄御原令および大宝・養老令の編目の一つ。律令制下で人民支配の単位となる戸の編成や戸籍・計帳の制度などを定める。

▼鉄利靺鞨　中国の東北地方、朝鮮半島北部一帯を活動の場とした靺鞨諸部族の一つ。『新唐書』靺鞨伝に「時々中国に通ず。……開元中八来」とみえるが、まもなく渤海に併合された。日本への渡来について、貿易を目的としたとする意見や亡命を求めたとする見解などがある。

人を受け容れたこともある(『日本書紀《にほんしょき》』天智《てんじ》十〈六七一〉年十一月癸卯《きぼう》条)。すなわち化外からの渡来人がすべて「帰化」人とされたのではなく、日本にとって役に立つ有益な技術や知識をもつ化外からの渡来人が「帰化」人であったのであり、律令国家が想定した先進の知識・技術をもつ「帰化」人は、中国・朝鮮から渡来する人びとであった。日本の律令国家は、朝鮮諸国を蕃国とは称しながら、その実は文化的な先進性を認めていたのであり、彼らの知識・技術におおいに期待し、特技・才能に応じて朝廷で活用したり、また東国《とうごく》未開地の開発に従事させるなどしたのである。

③その他としたのは、中国・朝鮮以外からの渡来人を想定した公式令《くしきりょう》遠方《えんぽう》殊俗《しゅぞく》条の規定で、「遠方殊俗の人」が渡来したならば、事情をたずねて報告せよというものである。唐令の条文をほぼそのまま踏襲しており、「遠方殊俗の人」とは、例として靺鞨があげられている。まさに上記の渤海や鉄利靺鞨来日の際に適用されたであろう。

一方、日本から蕃国への条文では、没落とは漂着や抄略を一括した表現で、抄略とは蕃賊による拉致《らち》被害のことである。注目したいのは王事で、王事とは、ふつう王の役使する事業一般をいい、日本では遣唐使の任務を王事と称した例もあるが、『令集解』《りょうのしゅうげ》田令《でんりょう》王事条にみえる法律家の見解では、対外戦争による戦死者・捕虜・行方不明者が対象となるとされている。本条に相当する唐令（復旧一九条）にも「戦傷により障害者となった場合には」云々とあり、「王事」とは、対外戦争をさしているとみてよい。大宝律令編纂メンバーの一人唐人薩弘恪《さっこうかく》は、百済遠征に従軍して百済の捕虜となり日本に送られてきた人物と推測されており、また律令完成一〇年ほど前の六九〇（持統《じとう》四）年には、百済救援の役《えき》（六六三〈天智二〉年）に出征し、捕虜となって唐に抑留され、唐の情勢を日本に伝えることに尽力した大伴部博麻《おおともべのはかま》が帰国した例（『日本書紀』持統四年十月乙丑《いっちゅう》条）がある。

大宝律令編纂当時まさに対外戦争はなまなましい体験として存在しており、律令国家は対外戦争が現実に起こりうることを想定していたのである。このほか、謀叛の意志をもって海外に赴く例（名例律《みょうれいりつ》八虐《はちぎゃく》条）、また官戸《かんこ》・家人《けにん》・公私奴婢《ぬひ》が拉致されたり漂流したり、あるいはみずからの意志で蕃国に赴き、帰国したならば本主に還すという条文（戸令官戸自抜《じばつ》条）もあるが、これらは特殊な例とみなしてよいであろう。

▼『令集解』　養老令の注釈書。九世紀半ばに惟宗直本《これむねのなおもと》が、官撰注釈書である『令義解』《りょうのぎげ》を含む先行の明法家《みょうぼうか》たちの令文解釈を集成したもの。本文には大宝令の注釈書「古記」が引用されていて、大宝令文復元の貴重な史料となっている。

▼田令　大宝・養老令の編目の一つ。班田収授《はんでんしゅうじゅ》の法をはじめ田積や田租、口分田《くぶんでん》などの田種を定めた条文をおさめる。

▼薩弘恪　中国語音を教授する音博士にも任ぜられている（『日本書紀』持統五〈六九一〉年九月壬申条）。

▼名例律　大宝・養老律の編目の一つ。刑罰の名称（五刑《ごけい》・八虐など）と法例をあげた、律全体の総論的位置を占める。

▼官戸・家人・公私奴婢　いずれも律令制下における賤民《せんみん》身分。

このように日本の律令国家が描いた通常の対外交流は、もっぱら国家使節が担う体制であった。そして来日した外国公使との貿易もまず国家が行う官司先買《かんしせんばい》の原則が明文化されており(関市令《けんしりょう》)▲、王権存立の重要な基盤といわれる対外交通および外国文物独占入手の方針が律令条文に明確に示されている。

それでは、日本から海外への渡航は公使以外には認められていなかったのであろうか。陸続きで異民族と接する唐では、華夷の境に関所《せきしょ》がおかれて、出入りが厳しく管理されていた。国境の出入国管理に関する唐律の条文の一つに衛《えい》禁律越度縁辺関塞《きんりつえつどえんぺんかんさい》条があり、国境に設けられた関所を公使以外の者が無断で通過したり、関所以外の場所を越えて貿易したりすることを禁止している。

この条文に相当する規定が日本律にも存在したか否か議論がある。現存する養老衛禁律《えごんりつ》▲の写本には、本条を含む唐律の冒頭にある三条がない。そこでこれは元来なかったものか、転写に際して脱落したのか二つの考えがある。存否両説ともにいくつかの理由をあげているが、存在したとする説のおもな理由に、唐律で越度縁辺関塞条の次にある縁辺城戍《じょうじゅ》条が日本律にも存在することがあげられている。すなわち、縁辺城戍条は国境の警備にあたる官吏が出入りの監

▼**関市令**　大宝・養老令の編目の一つ。関所と市場の管理・運営の方法を定める。来日外国使との交易の方法や関所通過には「過所《かそ》」と呼ばれる通行許可書を必要とすることなどの条文がおさめられている。なお官司先買の原則については四一ページ参照。

▼**衛禁律**　大宝・養老令の編目の一つ。宮城《きゅうじょう》の警衛と関所の守衛に関する刑罰を定めた条文をおさめる。

視をおこたった場合の処罰規定で、この唐律の条文は、一部文言を変えただけで日本衛禁律にもほぼ同一の条文として存在している。城戍条と縁辺関塞条は国境管理規定として密接不可分な関係にあり、日本律には監視怠慢の処罰規定（城戍条）があるのだから、越境当事者の処罰規定つまり縁辺関塞条相当条文も当然存在したとするのである。しかし条文を子細に読めば、両条の対象とする越境者は大きく異なっている。すなわち城戍条の監視対象は寇賊《こうぞく》集団▲で、一般の人びとではない。したがって城戍条の存在は関塞条の存在を主張する根拠にはならないと思う。それに対し、養老衛禁律私度関《しどかん》条が唐律同条に基づきながら、文中でわざわざ「縁辺関塞」の字句を削除している▲。これは、越度関塞条が存在しなかったことの有力な史料とみなすべきであろう（榎本淳一氏）。すなわち越度縁辺関塞条相当条文は日本律には規定されていなかったとみられるのである。日本の律令編纂者が、唐律にある条文を、国情の違いなどを考慮して採用しなかった例の一つと考えられる。

このように日本律では縁辺関塞条が採用されなかったとみられるが、それはどのような意味をもっているのであろうか。そもそも律に禁止条文がおかれる

▼**寇賊集団**　同条注によれば、一〇〇人未満の外姦・内姦を監視対象としている。

▼**「縁辺関塞」の字句を削除**　唐律に「謂、城及垣籬、縁辺関塞有禁約之処。……」とある個所で日本律では「城及垣籬等、有禁約之処」として「縁辺関塞」の四文字がない。

ということは、違法行為の存在を前提としている。唐が本条を設けているのは、公使以外の民間人が違法に出入国する事態が想定されるためである。ところが日本では禁止条文をそもそも規定していない。このことは公使以外の民間人が海外に渡航する事態、境外との往来を想定していなかったことを意味しているのである。四方を海に囲まれている日本では、海外諸国に渡航することなど国家的な使節以外には考えられなかったのであろう。日本の律令国家の対外交通独占に対する自信をうかがうことができよう。

二つの対外認識——中華と蕃国

律令条文において、日本を中華、新羅・百済・高句麗に加えて唐までも蕃国とする世界観を表明しているのであるが、現実の交流の場面において、唐を蕃国扱いすることなど、とうていできる話ではない。このことは当時の日本の支配層も十分に自覚していた。七三八(天平十)年ころに成立した大宝令の注釈書には、唐は隣国、新羅は蕃国と区別した認識が示されている(『令集解』公式令詔書式条所引古記《こき》)。隣国とは中国の春秋戦国時代《しゅんじゅうせんごく》の諸侯の隣接する国で対等の存在である。唐は新羅など蕃国とは別格との認識を示してはいるが、それでもまだ対等の思いが表記にはこめられている。しかしながら、すでに隋の国書問題で明らかなように、日本は中国王朝と対等の外交など望むべくもない蕃国であり、朝貢国である。すなわち、律令国家は現実の世界においては、新羅（のちには渤海も）に対しては中華で臨みながら、唐に対しては蕃国の立場で通交するという使い分けがなされていたのであり、法体系に示した認識と、それとは異なる現実の認識の二つの世界観に基づいて行動していたのである。

しかし日本が唐の蕃国であることは、律令法貫徹の意味から公にすることのできない事柄であった。七三五（天平七）年に遣唐使が「勅日本国王主明楽美御《すめらみこ》徳《と》▲」に始まる玄宗《げんそう》皇帝の勅書（『曲江集《きょっこうしゅう》▲』所収）を受け取って帰途についており、七七九（宝亀十）年に来日した唐使が「唐朝の書」を進上した記事もある（『続日本紀』同年五月癸卯条）。しかしいずれも本文は『続日本紀』には掲載されていない。その後、承和度《じょうわど》遣唐使▲がもたらした「大唐勅書」を内記《ないき》（詔勅《しょうちょく》の起草を職掌とする）に保管させている（『続日本後紀《しょくにほんこうき》』承和六〈八三九〉年九月乙未《いつび》・丙申《へいしん》条）が、その本文は掲載されていない。『続日本紀』『続日本後紀』ではいずれも渤海の国書について

▼**主明楽美御徳**　君主号である天皇（スメラミコト）を姓名のごとく唐には伝えたものとみられている。

▼**玄宗**　唐第六代皇帝。在位七一二〜七五六年。開元《かいげん》の治《ち》と呼ばれる繁栄の時代を迎えたが、社会では均田《きんでん》制の崩壊などによる矛盾もあらわれ、晩年には寵愛する楊貴妃《きひ》一族を登用して、安禄山らの反乱を引き起こし、唐朝衰退のきっかけをつくった。

▼**『曲江集』**　玄宗のころの学者としても知られた宰相張九齢《ちょうきゅうれい》（六七三〜七四〇年）の詩文集。

▼**承和度遣唐使**　実際に入唐した最後の遣唐使。八三八（承和五）年入唐、翌年帰国。入唐に際して、乗用船をめぐって大使藤原常嗣と副使小野篁《おののたかむら》が争い、篁が渡航を拒否するという出来事があった。

▼**新羅執事省**　新羅における行政の中枢機関。六五一年に執事部として発足し、のち執事省に改められた。

はほぼ全文が詳しく掲載されており、後者では日本からすれば侮辱的な内容の新羅執事省《しつじしょう》▲からの文書についても全文をあえて掲載している（二六ページ参照）。同じ編者の態度にしては唐の皇帝の書を掲載しないことはまったく理解できない。掲載をはばかる事情があったからにほかならない。また遣唐使は、新羅王などと同様に、天皇（主明楽美御徳）の上表形式の国書を皇帝に進上したとみられるが、これも六国史にはいっさい掲載されていない。唐皇帝の書や上表形式の国書は、とりもなおさず日本が蕃国であり、天皇が唐皇帝の臣下であることを明示するものであるため、あえて記録にとどめることを避けたのである。

　このように、日本は唐の蕃国であるという現実をできるだけ隠蔽《いんぺい》につとめているが、それでもところどころに綻《ほころ》びがあらわれてしまう。七五四（天平勝宝《しょうほう》六）年に帰国した遣唐使は、朝賀《ちょうが》の席で日本使が新羅使よりも上位におかれたことを誇らしげに報告しているが、「百官・諸蕃朝賀す」とみずからが諸蕃であることを明言している（『続日本紀』同年正月丙寅《へいいん》条）。八〇五（延暦《えんりゃく》二十四）年に帰国した遣唐大使藤原葛野麻呂《かどのまろ》の報告でも、「卿ら、本国の王命を銜《ふく》みて遠く来たりて朝貢す」との唐皇帝の言葉が引用されている（『日本後紀』同年六月乙巳条）。

日本側の発言ではないところで、現実の姿が述べられているし、唐において遣唐使みずからが「日本国朝貢使」と称している例もある（円仁《えんにん》▲『入唐求法巡礼行記《にっとうぐほうじゅんれいこうき》▲』承和五〈八三八〉年九月一日条）。

それでも遣唐使の唐における朝貢使としての行動は国内の目にふれないところで事が運ばれるから問題ないが、唐の使者が来日したときには、律令の方針が問われることになる。七七八（宝亀九）年、その唐の勅使が遣唐使の帰国に同行して来日したのである。案《あん》の定《じょう》、大宰府《だざいふ》に来着したときからやっかいな問題が起こり、朝廷から派遣された接待の官人をとまどわせている。まず唐使一行は行列の前後に旗を立て、武器を携帯した者が旗の前後にならぶといった日本では前例にない隊列を組んでいるのをどうするか、さらに入京の際の挨拶は馬上からかそれとも下馬するのかなど、接待担当官人はあいついで朝廷に指示をあおぎ、朝廷は遣唐使や来日新羅使・渤海使とは異なる式次第を指示している（『続日本紀』宝亀十年四月辛卯《しんぼう》条）。そしていよいよ入京した唐使との謁見《えっけん》の日を迎える。ここで天皇は蕃国王として振る舞うべきか、それとも中華の君主として臨むべきかで議論がなされ、結局、天皇は座をおり蕃国王として会見したと

▼**円仁**　慈覚大師《じかくだいし》。七九四〜八六四年。延暦寺《えんりゃくじ》の僧。八三八（承和五）年天台請益僧《てんだいしょうやくそう》（短期留学僧）として入唐したが、唐朝から許可を得られず、帰途遣唐使と別れて残留した。在唐新羅人の援助を得ながら、五台山に巡礼し、長安《ちょうあん》で修行を重ねた。折からの廃仏政策のなかで苦労の末、八四七（承和十四）年に帰国した。八五四（斉衡《さいこう》元）年には第三世天台座主に就任している。

▼**『入唐求法巡礼行記』**　円仁が博多津で遣唐船に乗り込むときから八四七年に帰国するまでを記した日記。全四巻。遣唐使の具体的な行動を伝えるほか、唐の地方のようす、会昌《かいしょう》の廃仏の実情、在唐新羅人の活躍など、中国史料にみられない記事も多い。八八ページ写真参照。

伝えられている（大沢清臣《おおさわすがおみ》本壬生《みぶ》文書▲）。このことは『続日本紀』ほかの当時の史料にはまったく記されておらず、原本が現在行方不明となっている文書に残されているだけであるので、真偽について不安がないわけではないが、当時の状況では十分に起こりえた議論である。もし事実とすれば、綻びがでてはしまったがこれも隠蔽につとめた例といえるのかも知れない。

こうして大宝律令以降では、みずからを中華に位置づけ、「隣国」の唐、「蕃国」の新羅に七二七年から渤海が加わり、日本の外交が進められる。中華意識は、中国の思想を学んだ朝鮮諸国や渤海などにもみられるが、中国の王朝を除いて日本ほど強く主張されたことは他に類をみないといってよい。日本が新羅・渤海に中華として臨むといっても、新羅や渤海の王を冊封したり、華夷の関係を容認することの同意を得ているわけではない。唐の体制を借りた不完全な中華意識である。

そこで注目されるのは、新羅王に対しては七〇六（慶雲《けいうん》三）年から「天皇敬問新羅王」、渤海王に対しては七二八（神亀《じんき》五）年の最初の返書から「天皇敬問渤海郡王▲」に始まる文書を用いていることである（いずれも『続日本紀』）。これは唐の

▼大沢清臣本壬生文書　幕末の国学者大沢清臣が所蔵していた壬生文書にみえるという文書。原本の所在は現在不明で、栗田寛『栗里《りつり》先生雑著《せんせいざっちょ》』『古事類苑《こじるいえん》』外交部などに引用されている。

▼渤海郡王　大祚栄が七一二年に唐から渤海郡王に冊封された。

皇帝が臣下に発給する慰労詔書《いろうしょうしょ》▲という書式で、「皇帝」を「天皇」に改めただけである。まさに天皇が蕃国の新羅・渤海王にあたえる書式の文書で、君臣関係を明示するものである。ところが両国から抗議されたり拒否されたりすることなく、その後も両国からの使者の派遣が続き、同様の文書を発給し続けることで、日本はみずからの世界観が受け容れられたと満足したことであろう。

しかしながら、新羅・渤海はもちろん日本を中華、みずからを蕃国とする名《めい》分《ぶん》関係を本心から受け容れているわけではない。もともと朝鮮諸国がそうであったように、新羅・渤海などの目は中国に向いている。厳しい環境に耐えて国家の存続に努力する両国は、対唐関係の推移次第で日本に対する姿勢を変化させる外交術を身につけている。唐の脅威を感じ、日本を必要とするときには従属的な姿勢をとる。ところがいったん対唐関係が改善され、その脅威が減少すれば、おのずから日本の相対的地位は低くなり、対等の姿勢を示してくる。まさに春秋戦国以来の合従《がっしょう》・連衡《れんこう》▲の外交を繰り広げ、唐はこれまた古典的な夷《い》をもって夷を制する政策を常套《じょうとう》手段として用いている。日本もそれらを知識としては知りながら（たとえば覇権を競った春秋時代の歴史を記した『春秋左氏伝《さしでん》』▲は大学

▼**慰労詔書**　公式令にはみえない書式で、『延喜式』中務《なかつかさ》省に規定がみえる。それによれば、大蕃国には「天皇敬問某王云々」、小蕃国には「天皇問某王云々」とするとされているが、新羅王・渤海王宛にはいずれも「天皇敬問」式が用いられている。

▼**合従・連衡**　中国戦国時代、強国秦《しん》に対抗するため、諸国が結んだ同盟で、南北同盟を合従、東西同盟を連衡という。

▼**『春秋左氏伝』**　孔子《こうし》編と伝える春秋時代の魯《ろ》の年代記『春秋』（前七二二～前四八一年）の注釈書の一つ。公羊《くよう》伝・穀梁《こくりょう》伝とともに春秋三伝と呼ばれる。伝は注釈の意味。

寮のテキストにも採用されている。学令《がくりょう》▲（経周易尚書《きょうしゅうえきしょうしょ》条）、一途《いちず》にみずからの中華世界の貫徹をめざして邁進《まいしん》する。現実の世界の動きに即応せず、あくまでも律令的世界観を貫き、新羅・渤海に華夷秩序の遵守《じゅんしゅ》を求める日本は、結局のところ外交相手を失い、東アジア世界の中で政治的な孤立をもたらすことになる。

このあたりのところを、新羅・渤海外交の実際から考えてみたい。

日本と新羅

六六三（天智二）年の白村江《はくそんこう》▲において直接戦火をまじえた日本・新羅両国の外交は、しばらく途絶していたが、六六八（同七）年九月に新羅使が来日し、日本がそれに応えて再開した。百済（および高句麗）を滅ぼしたのち、その領土の直接支配を意図する唐と確執を生じつつあった新羅と、唐の矛先が向けられることを恐れる日本との利害が一致したからにほかならないが、新羅側からの行動によって再開されたことは注意しておくべきであろう。こののち、両国の使節はほぼ連年もしくは隔年に往来し、密接な交流が展開されている。

ところが、七三四（天平六）年に来日した新羅使を、「勝手に国号を王城国に改

▼**学令**　大宝・養老令の編目の一つ。官吏養成のために中央におかれた大学、諸国におかれた国学《こくがく》の学制について定める。

▼**白村江**　「はくすきのえ」（『日本書紀』）。朝鮮半島南西部を流れる錦江《きんこう》の古名で、中流域に百済の首都扶余《ふよ》がある。その河口付近で日本の百済救援軍が唐・新羅軍と戦い、大敗した。

めた」という理由で平城京《へいじょうきょう》からただちに帰国させた(『続日本紀』天平七〈七三五〉年二月癸丑《きちゅう》条)ころから両国のあいだに暗雲が立ちこめる。その翌年(七三六)に派遣された日本の使者が新羅に受け容れられずに帰国するという事件が起き、日本の朝廷には「兵を発して征伐を加へよ」(『続日本紀』天平九〈七三七〉年二月己《き》未《び》・丙寅条)という強硬な意見がでるほど緊張した状態をもたらした。これが尾を引いたのか、七三八・七四二(天平十・十四)年と来日新羅使の入京を認めず、さらに七四三(同十五)年来日の新羅使は贈り物の名称を、貢献の意をあらわす「調《ちょう》」から、単なる土地の産物を意味する「土毛《どもう》」と改称するなど、「常礼《じょうれい》▲」に背く言動をとったとして、大宰府から帰国させている(『続日本紀』同年四月甲午条)。日本の主張する「常礼」とは、まさに律令法に示した、日本を中華、新羅を蕃国とする関係のもとに体現される礼法をさすから、新羅が朝貢国としての礼を改め、対等の姿勢をとるようになっていったことを意味している。

　このような新羅側の対日外交姿勢の変化の背景には、対立していた唐との友好関係の回復・進展という事情があった。すなわち、六七六年に粘り強い戦いによって、唐が百済・高句麗領統治のためにおいた熊津都督府《ゆうしんととくふ》▲・安東都護府《あんとうとごふ》▲を

▼**常礼**　中国において礼は法と一体の倫理的社会規範として存在し、強制力をもつ律令とともに社会秩序維持のための手段として重視され、礼典も編纂された。日本では中国のように独自の礼典を編纂することはなかったが、律令条文のなかに礼制を採り入れている。七三五年に帰国した吉備真備《きびのまきび》が『顕慶礼《けんぎょうれい》』(六五八年成立)を持ち帰り、八六〇(貞観二)年には『大唐開元礼』(七三二年成立)に基づいて孔子をまつる儀式(釈奠《せきてん》)が整備されている例もある。

▼**熊津都督府**　唐が百済の旧領支配のためにおいた機関。熊津(現在の忠清南道公州《ちゅうせいなんどうこうしゅう》)は四七五～五三八年まで国都とされていた百済の要衝。

▼**安東都護府**　唐が六六八年、高句麗の旧領支配のためにおいた機関。六七六年には遼陽《りょうよう》に移り、則天武后《そくてんぶこう》のときには長城以南にまで後退している。

朝鮮半島から遼東《りょうとう》半島に撤退させ、実質的に朝鮮半島領有の念願を達成した新羅は、唐との関係の修復につとめ、頻繁に朝貢の使者を派遣して友好関係を回復した。そして七三五年には唐から浿江《ばいこう》(大同江《だいどうこう》)▲以南の地の領有を正式に認められている。この間、唐の文物を積極的に取り入れ、律令法を参考にした中央集権的な支配体制を確立していく。こうした対唐関係の改善、国内支配体制の確立、経済・文化・技術の進展などにより、対日従属外交の政治的な意義が失われていったのである。

日本・新羅両国の関係が悪化するなかで、七五二(天平勝宝《しょうほう》四)年に新羅から王子金泰廉《きんたいれん》が派遣されてきた。新羅使の来日は一〇年ぶりのことであり、それも王子で一行の総勢七〇〇余人という空前の規模である。金泰廉は入京して天皇に、「新羅は昔から日本に朝貢している」云々と述べ、これまでの新羅使とは一変した姿勢をみせて日本側を驚喜させている。そこで日本は翌年新羅に小野《おの》田守《たもり》▲を派遣した。ところが、「日本使は高慢で無礼であるので、王は謁見せず、帰国させた」と『三国史記《さんごくしき》』▲(新羅本紀・景徳王十二年八月条)に記されている。日本は金泰廉の言動を新羅側の真意と理解し、中華の立場で使者を派遣したところ、

▼**浿江(大同江)**　朝鮮半島北西部の川。平壌付近を流れる。新羅が渤海に備えて、かねて防御施設の設置を希望しており、唐も渤海を牽制するうえから、新羅の要請を認めたものである。

▼**小野田守**　このののち七五八(天平宝字二)年に渤海に派遣された。安史の乱の情報を伝え、新羅征討計画が立てられるきっかけをつくっている。七九ページ参照。

▼**『三国史記』**　新羅・高句麗・百済三国の紀伝体歴史書。全五〇巻。一一四五年成立。『三国遺事《さんごくいじ》』とともに朝鮮古代史の基礎的文献。

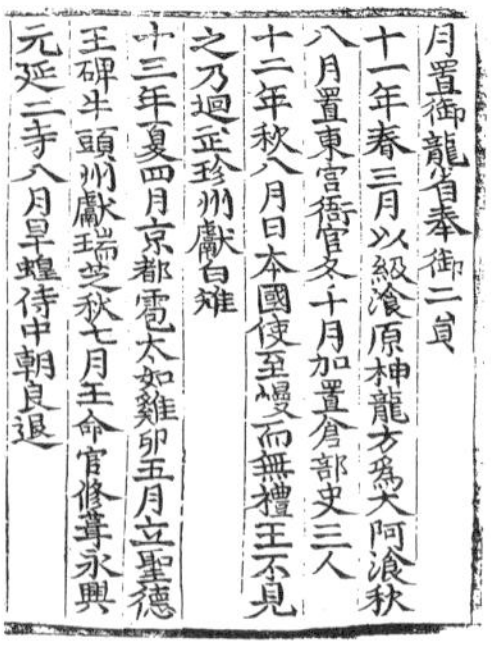
月置御龍省奉御二員
十一年春三月以級飡原神龍方爲大阿飡秋
八月置東宮衙官冬十月加置倉部史三人
十二年秋八月日本國使至慢而無禮王不見
之乃廻武珍州獻白雉
十三年夏四月京都雹大如雞卵五月立聖德
王碑牛頭州獻瑞芝秋七月王命官修葺永興
元延二寺八月旱蝗侍中朝良退

みごとに裏切られたのである。実は金泰廉のとった言動は、貿易を円滑に進めるための方便であった。このときの一行は大量の貨物をもたらし、大々的な貿易を営んでいる(四二ページ参照)。新羅側の意図を見抜けず、新羅の態度の変化と真に受けて使者を派遣したところ、ただちに追い返されるという事態を迎えたのである。この新羅側の態度に、折から渤海使によって伝えられた安史《あんし》の乱による唐国混乱の情報を受けて日本は新羅征討計画を立てたが、実行寸前で中止された(八〇ページ参照)。

こののちも新羅使の来日は七六〇(天平宝字四)年・七六三(同七)年・七六四(同八)年・七六九(神護景雲《じんごけいうん》三)年・七七四(宝亀五)年と続くが、いずれも日本側から外交上の異例・無礼を指摘され、大宰府から帰国(放還《ほうかん》)させられている。最後となる七七九(宝亀十)年の使者は入京しているが、遣唐使を保護して届けてくれたことによる特別の措置であった。新羅使が外交交渉を目的とするならば、入京するための対策を講じるものであろう。ところがその気配はまったく感じられない。入京を認められないのを承知のうえで、新羅が使者の派遣を続けているのは、なぜであろうか。入京を認められなくても、彼らの来日の目的はとげられたとみなければならない。すなわち、このころの新羅使の主たる目的は日本貿易にあり、大宰府（鴻臚館《こうろかん》）に滞在することで、彼らの貿易の目的は達せられたのである。金泰廉の行動によって日本人のあいだに舶来品熱が高まり、新羅使の船載品に対する需要が存在していたことを示している。七六八（神護景雲二）年、左右大臣以下の高級官人に「新羅の交関物〈貿易品〉を購入するため」の費用として「大宰の綿」が大量に支給されていることが、この間の事情をよく物語っている。

こうして悪化しながらも続いていた日本・新羅外交であるが、ついに七七九年に来日した新羅使を最後として途絶えることになる。かつて金泰廉の帰国に際して、「今後は新羅王が自ら来朝するか、もし使者を派遣する場合には朝貢国であることを示す王の表文《ひょうぶん》を携行すべし」と通告したが（『続日本紀』天平勝宝四年六月壬辰《じんしん》条）、今回あらためて慰労詔書において、表文をもっていない使者は入境を認めないと述べ（同、宝亀十一年二月庚戌《こうじゅつ》条）、あくまでも華夷秩序を遵守すべきことを求めている。

この新羅がとうてい受け容れるはずのない最後通牒にも等しい宣告によって、

▼**大宰府**　西海道《さいかいどう》（九州）を統括するとともに、対外的な外交・軍事を任務とする機関として筑前《ちくぜん》国におかれた。長官である帥《そち》の職掌として、とくに「蕃客・帰化・饗《きょう》讌《えん》」のことが定められている。現在の福岡県太宰府《だざいふ》市に遺跡があり、正庁《せいちょう》を中心に都にた条坊《じょうぼう》制がしかれ、周囲には水城《みずき》や山城《やまじろ》などの防衛施設が設けられていた。

▼**鴻臚館**　博多津に面して設けられた迎賓用施設。九四ページ参照。

▼**大宰の綿**　大宰府管内諸国から集められた調庸の品は原則として府用に供されたが、そのうち綿については七二九（天平元）年、年間一〇万屯を京進すると定められた（その後二〇万屯に加増された）。

▼**表文**　上表文。律令制においては、官人らが天皇に上呈する文書。したがって両者の関係が君臣関係にあることを示す。

●── **渤海の宮殿跡**　渤海の首都上京には，5つの宮殿があり，写真は第一宮殿址の基壇。この上に緑釉瓦葺きの壮麗な宮殿が建っていた。建物の前には儀式が行われた広々とした空間がある。

●── **渤海時代の石灯**　渤海でも仏教が盛んで，上京でもいくつかの寺院址が見つかっている。この石灯も渤海時代の寺院に建てられたもので，移動されることなく現在におよんでいる。

●── **渤海三彩の香炉**　上京龍泉府北郊にあたる黒龍江省寧安市三陵屯の，渤海後期の王族の墳墓から発見された。渤海の工芸技術の高さを示す傑作。

長く続いていた日本・新羅の外交はひとまず終焉を迎えることになるのである。このあと公使にかわるかのように新羅商人の活躍が始まる。新羅が公使の派遣を中止するにいたる背景には、新羅商人が対日貿易を担えるようにまで成長したので、毎回紛糾を生じ、かつ朝貢国として振る舞うことを強要される公使の派遣をあえて行う必要がなくなってきたというのが真相であろう。

日本と渤海

新羅との関係が悪化の様相を見せ始めるころ、あらたに開始されたのが渤海との交渉である。渤海▲は、かつて高句麗に属していた粟末靺鞨《ぞくまつまっかつ》人である大祚栄《だいそえい》を中心にして、六九八(文武二)年に現在の中国の吉林《きつりん》省敦化《とんか》市付近に建設され、最盛期には中国の東北三省すなわち吉林省・黒龍江《こくりゅうこう》省・遼寧《りょうねい》省、さらにはロシア沿海州、北朝鮮の北部にまでまたがる広大な領域を誇った国家である。七一二年には唐から「渤海郡王」に冊封され、七六二年には「渤海国王」に昇格されている。高度の中国風文化国家を築き上げ、唐から「海東の盛国」と評されている(『旧唐書《くとうじょ》』渤海靺鞨伝、『新唐書』渤海伝)。

▼渤海建国の事情　大祚栄は、高句麗滅亡後強制移住させられていた唐の営州(遼寧省朝陽)を契丹人の反乱による混乱に乗じて東方に逃れ、震国と称して自立した(六九八年)。はじめ唐は追討軍を派遣したが、やがて渤海郡王に冊封して独立を認めた(七一二年)。それでも大祚栄は唐の脅威に対抗するため、モンゴル高原の支配者である突厥《とっけつ》にも使者を送り、保護を受けるという、両属外交によって、自国の保全と発展をはかっている。

▼大武藝　第二代渤海王。在位七一八〜七三七年。初代大祚栄の子。独自の年号を使い始め、領土拡張を積極的に進めた。死後、武王と謚《おくりな》されている。

日本との関係は、七二七(神亀四)年、第二代渤海王大武藝《だいぶげい》▲の派遣した使者の来日に始まり、九一九(延喜《えんぎ》十九)年の最後の渤海使の来日まで、およそ二〇〇年にわたって継続される。渤海が対日外交を始めた背景には、渤海を取りまく当時の緊張した国際関係があった。四方へと領土拡大を推し進めた大武藝は北方の黒水《こくすい》靺鞨部への侵攻をめぐって唐と軋轢《あつれき》を生じ▲、ついに七三二年、唐領山《さん》東《とう》半島の登《とう》州を襲い、唐も新羅の援兵をうながして反撃するという事態を迎える。このの ち数年、渤海は唐への朝貢を中断するが、やがて大武藝の謝罪によって一件は落着した。

渤海の日本への遣使は、このような状況のなかで行われている。最初の渤海使がもたらした大武藝の国書にも、軍事的な援助・同盟を意味する「結援《けつえん》」▲という文言が記されており、そのことを裏づけている。そして国書にはまた、「かつての高句麗の領土に復興した」とあった(『続日本紀』神亀五〈七二八〉年正月甲寅《こういん》条)。これには隋や唐を苦しめた大国高句麗の復興を誇らかに宣言するとともに、かつて日本と交流のあった高句麗を想起させる狙いがあった。

これに対し、日本は返書で「高句麗の故地に復興し、高句麗時代の旧好を再

▼**唐との軋轢**　渤海の脅威を感じた渤海北方の黒水靺鞨部は、唐の保護を求め、唐も渤海を牽制するうえから黒水を唐の州として官人を派遣した。七二六年のことである。大武藝は黒水靺鞨と唐とが腹背から渤海を攻めるつもりではないかと疑い、黒水靺鞨への侵攻を企てた。王の弟大門藝は、その黒水靺鞨を討つことは唐と戦うこととして無謀を諫めたが、逆に大武藝の怒りをかい、やむなく唐に亡命した。そこで大武藝は門藝の返還を求め、唐と交渉を続けたが、埒があかないことに業を煮やし、ついに唐領山東半島の登州を襲うにいたるのである。

▼**結援**　たとえば『春秋左氏伝』に君主があらたに即位すると臣下が隣国にでかけて「外援を要結する」とみえ、また契丹の攻撃を受けた渤海王が新羅諸国に使者を派遣して「結援」した(『契丹国志』)ことがある。

開するとの由を知った」と述べているにすぎない（『続日本紀』神亀五年四月壬午《じんご》条）。武藝の切実な要求である「結援」を理解したようすはない。それどころか、唐の皇帝が臣下にあたえる慰労詔書式にならい、「天皇敬問渤海郡王」に始まる返書をあたえているのである。

渤海が高句麗の再興を述べているのは、かつての大国復興の宣言であるとともに、日本との親交を踏まえてのことである。ところが日本のいだいている高句麗のイメージは、かつて日本に朝貢してきた国という認識である。したがってその継承国である渤海を朝貢国として処遇することは当然のことであった。「渤海は高句麗の継承者である」とする認識では、日本・渤海両国が一致しているが、その高句麗に対するイメージはまったく正反対——大国と朝貢国——のものであった。大宝律令の施行から二〇余年、日本を中華とする律令体制の理念からいって、渤海を新羅と同じく蕃国に位置づけることもまた当然のことであった。一方の渤海王大武藝は対等の立場▲で同盟を求めての使者派遣であり、もとより日本に対して朝貢する意識などない。両国の最初の交渉にみられるこの認識の差がその後の関係に大きな波紋を投じ、紛争の火種ともなるのである。

▼対等の立場　大武藝は国書で、唐から冊封を受けた「渤海郡王」を名乗り、日本の君主を渤海国内で用いている渤海王の呼称である「大王」と称し、また諸侯の国を意味する「列国」という言葉も用いている。これらからみて大武藝は日本の君主も唐から冊封を受けている同格の地位と認識していたと考えられる。

▼大欽茂　第三代渤海王。在位七三七〜七九三年。大武藝の子。治世は五七年に及び、「海東の盛国」渤海の基礎を築いた。死後、文王と諡された。

その後第三代大欽茂《だいきんも》▲以降も使者の往来が続くが、日本は、渤海の国書に「臣・名」▲が記されていないことをとがめ、渤海の前身である高句麗の時代には日本と高句麗とは親族に準《なぞら》えれば兄弟、政治的には君臣の関係であったといい、高句麗の継承者▲である渤海も同様の関係にあるべきであるとして、君臣関係を強要し、華夷秩序の遵守《じゅんしゅ》を求め続ける（『続日本紀』天平勝宝五〈七五三〉年六月丁丑《ていちゅう》条）。しかし渤海がそれになかなか従わないため、ついに七七一（宝亀二）年来日の使者のときに大きな事件を引き起こすことになる。日本は渤海王の国書に臣下を示す署名がないことや「天孫《てんそん》」▲と称していることをとがめ、国書を受け取らず、信義《しんぎ》の象徴である渤海王からの贈り物をも返却するという強硬な姿勢にでた。渤海王が天孫を称しているのは、高句麗の始祖が天帝の孫とされることを受けてのものであるが、唯一の天孫を自任する天皇（日本）にとって、とうてい認めがたいことであった。この一件は、使者が渤海王にかわって国書を書きなおし謝罪するという形で落着した（『続日本紀』宝亀三年正月丁酉《ていゆう》条〜二月己卯《きぼう》条）。

こののち両国間に大きな紛争は起きていない。渤海が形式（名分関係）よりも貿易を重視した政策に転換し、日本の意を迎える姿勢を示したことによる。渤

▼「臣・名」　たとえば大欽茂の場合であれば「臣欽茂」と表記すること。

▼**高句麗の継承者**　日本は渤海を「高麗」、渤海王を「高麗国王」と称し、渤海王も使者に「高麗国王」を名乗らせている。平城宮木簡に遣渤海使を「遣高麗使」と表記したものがあり（巻末年表写真参照）、時代がくだって『源氏物語』桐壺巻《きりつぼのまき》にみえる「高麗人《こまうど》」は渤海人のこととみられている。

▼**天孫**　日本では天照大神《あまてらすおおみかみ》の孫にあたる瓊瓊杵尊《ににぎのみこと》をいい、その子孫である天皇をさす場合もある。一方、高句麗の始祖朱蒙《しゅもう》は、父が天帝の子であり、天帝からみれば孫にあたる。渤海王が天孫を称しているのは、おそらくこの伝承に基づくものであろう。最近、かつての渤海領内にあたる北朝鮮咸鏡南道新浦市寺谷遺跡から「天孫」の語を含む銅板銘文が発見されて注目されている。

▼契丹　シラ＝ムレン河流域（内モンゴル自治区）を根拠地としていたモンゴル系遊牧狩猟民。十世紀初めに耶律阿保機《やりつあぼき》が部族を統一して遼を建国した（九一六年）。九二六年には渤海を滅ぼし、その地を東丹国としたが、旧民の抵抗が強く、撤退した。一一二五年、女真人の建てた金《きん》に滅ぼされた。

▼高麗　朝鮮の王朝。九一八〜一三九二年。新羅末期に王建が地方政権として自立。新羅・後百済と覇権を争い、後三国時代と呼ばれたが、九三六年に統一した。都は開城《かいじょう》（開京《かいきょう》）。日本には早くから使節を送り、外交を求めたが、日本が応じなかったため、正式の外交が開かれることはなかったが、

海は、唐をはじめとする近隣諸国との関係が安定してくると、対日外交の目的も変化させていった。「結援」から「交易」重視への転換である。後述する、渤海側から提唱された年期の制定も、この観点から理解することができる。

二〇〇年にわたって渤海との交渉が続くといっても、日本からの使者（遣渤海使）の派遣は、八一一（弘仁《こうにん》二）年を最後としている。すなわち後半の一〇〇年はもっぱら渤海使の往来によって日本と渤海の交流は維持されていたのである。このような片務的な形の交流が続くのは、当然そこに利害の一致がみられたからである。渤海には貿易があり、日本は貿易とともに唐とのパイプ役としての期待があった。遣唐使や留学僧らの経由、在唐日本人の書状や物品の転送、そして唐情報の伝達などがあげられる。このような役割は、かつては百済・新羅などが果たしてくれていた。ところが百済が滅び、新羅との関係が悪化して期待できなくなってきたころに、まさしく渤海との交流が始まったのである。日本が渤海にかつての百済や新羅の役割を求めたことはいうまでもないであろう。そして唯一の蕃客となった渤海使を迎えることで、天皇が中華世界に君臨する存在であることを国内外にアピールできるという重要な意義もあったのである。

このようにして続いた渤海と日本との交流も、九一九(延喜十九)年来日の渤海使を最後として、二〇〇年の歴史をおえる。「海東の盛国」と評された渤海も、ついに九二六年に西隣に台頭した契丹《きったん》▲に滅ぼされてしまう。渤海の王族や支配層のなかには、朝鮮半島の新興勢力である高麗《こうらい》▲に亡命する者もあったが、契丹が渤海の領域を支配するためにおいた東丹《とうたん》国に仕える者も多かった。九一九年に最後の渤海使として来日した裴璆《はいきゅう》▲もまたその一人であった。彼は九二九(延《えん》長《ちょう》七)年、今度は東丹国使として来日した。東丹国王は裴璆を利用して渤海時代と同様に貿易を営むつもりがあったのであろうが、成功せず、帰途についている。まもなく東丹国も崩壊し、以後この地域と日本との交流が再開されることはなかった。なお一〇一九(寛仁《かんにん》三)年に北部九州を襲い甚大な被害をあたえた刀伊《とい》▲、つまり女真人《じょしん》は渤海人の後裔である。

日本と唐

大宝律令を完成した日本は、翌七〇二(大宝二)年に律令編纂に加わった粟田《あわたの》真人《まひと》▲を全権大使とする遣唐使を派遣し、あらたな対唐外交を始めた。およそ三

商人の往来による貿易は盛んに行われた。高麗《こうらい》版一切経《いっさいきょう》(大蔵経《だいぞうきょう》)や青磁《せいじ》はとくに中世以降の日本で関心が高かった。

▼**裴璆**　九一九(延喜十九)年の来日の際には歓待され、日本の文人たちとも親しく交流している。父裴頲《はいてい》も渤海大使として二度来日。詩文に才能があり、接待役を務めた菅原道真らと親交をもった。

▼**刀伊**　朝鮮語で夷狄《いてき》を意味する되(Doe)の音訳で、高麗人がその北方に居住する女真人を称したもの。

▼**粟田真人**　唐人から「真人は中国の古典を理解し、漢詩文に堪能で、立ち居振舞いが優雅である」と評されている(『旧唐書』『新唐書』日本伝)。

○年ぶりのことであり、このとき「日本」国号採用を伝えている。遣唐使は八世紀を通じてもっとも盛んに派遣され、以前の一隻一二〇人・二隻船団から一隻一五〇人・四隻船団へと規模も拡大し、国家をあげての一大事業として継続される。多くの留学生・留学僧らが随行して、唐でそれぞれの専門分野を学び、帰国後おおいに活躍していることについてはよく知られている。

遣唐使には、一貫して日本の国際的地位の向上と先進文物獲得の二大使命が課せられていた。前者の象徴的出来事が、七五二（天平勝宝四）年に入唐した遣唐使が、翌年正月元日に唐の宮殿《きゅうでん》で行われた朝賀に参列した際のいわゆる新羅使との席次争いである。その席次は当初、東側第一位に新羅、第二位に大食《たいしょく》▲、西側第一位に吐蕃《とばん》▲、第二位に日本とされていた。列席四カ国中、新羅使が最上位、日本使が最下位におかれていたのである。そこで遣唐副使大伴古麻呂《おおとものこまろ》▲が、「新羅は昔から日本に朝貢している国である。ところが日本よりも上位におかれているのは道理にあわない」と抗議したところ、唐側責任者によって両者の席次が入れ替えられたという（『続日本紀』天平勝宝六〈七五四〉年正月丙寅条）。

このときの遣唐使の帰国後の報告記事はただこのことのみであり、いかに重

▼**大食**　ペルシア語でアラビア人をさすTajikに漢字をあてたもので、このころアラビアを統一したアッバース朝イスラム帝国をさすとみられる。

▼**吐蕃**　古代チベット王国。七世紀に統一王朝が建設された。中国辺境への侵攻を繰り返し、隋や唐は懐柔策として、皇帝一族の女子を吐蕃王に嫁がせている（和蕃公主）。首都のラサには、八二二年に唐と国境を定めたときの記念碑「唐蕃会盟碑」が現存している。

▼**大伴古麻呂**　これ以前天平度遣唐使の一員として入唐の経験がある。今回は、唐から鑑真をともなって帰国した。初め唐の監視が厳しいため大使は鑑真同伴をためらったが、古麻呂はひそかにみずからの船に乗せて帰途についた。こののち七五七（天平宝字元）年には橘《たちばなの》奈良麻呂《ならまろ》の謀叛《むほん》事件に関与したとして拷問を受けて死去した。

視されたかがわかるであろう。そして興味深いのは、古麻呂が「百官・諸蕃朝賀す」とみずからが諸蕃であることを明言していることであり、これを『続日本紀』もそのまま掲載していることである。新羅使よりも上位、列席の蕃国四カ国の最上位の待遇を受けたことをなによりも誇りたかったのであろう。みずからが中華であるとする認識はない。唐は別格としたうえで、蕃国のなかの一番をめざして努力しているようすがよく伝わってくる。しかしながら当初用意されていた席次が唐の考える現実の国際社会における序列であり、またはたして唐が日本の主張を容認したとみるか、あるいは皇帝臨席の晴れの場における混乱を避けるために担当の官人がとった緊急避難の措置とみるべきか、いろいろと考えられるが、それはいずれにせよ、日本使が新羅使の上位におかれた事実は、日本としておおいに歓迎すべき、外交の成果であった。

なお、大伴古麻呂らの次の遣唐使派遣に際し、天皇が「驚《おど》ろしき事行《ことわざ》なせそ」（唐人を驚かせるような言動は慎め）と大使・副使に諭している（『続日本紀』宝亀七〈七七六〉年四月壬申条）。以後これが遣唐使派遣に際しての慣例となる。これには唐の朝廷で古麻呂のとった態度に対する反省がこめられており、古代日本人の国際感覚の進化を示す事例との見方もある(池田温氏)。たしかに唐に対しては、このような配慮がみられるのであるが、新羅・渤海外交ではずいぶんと「驚ろしき事行」が多くみられる。もちろん『続日本紀』などの正史に堂々と掲載しているのであるから、日本の支配層は「驚ろしき事行」などとは毛頭意識していなかったであろうが、理不尽な場面が多くみられるのも事実である。日本も唐に目を向けた外交を行っていたことにおいて新羅・渤海と変わりはなかったのである。

遣唐使は平安時代にはいると、派遣の間隔があき、八三八(承和五)年入唐の使者が事実上の最後となる。すでに新羅外交は終りを告げ、莫大な経費を必要とするうえ、多大な人的損害のもとに成り立っている事業を継続する政治的意義はもはや失われていた。そしてこのころには、商人の往来によって先進の文物はより入手が容易になっていた。これからおよそ五〇年をへて、八九四(寛《かん》平《びょう》六)年に菅原道真▲を大使とする遣唐使が計画されるが、結局、実施されないうちに、九〇七(延喜七)年、唐が滅んでしまったのである。

▼**菅原道真**　八四五～九〇三年。宇《う》多《だ》天皇の信任を得て出世し、八九三(寛平五)年に参議《さんぎ》となり、醍《だい》醐《ご》天皇の八九九(昌泰《しょうたい》二)年には右大臣となる。九〇一年、娘が嫁いでいた斉世《ただよ》親王の即位をはかったとして大宰権帥に左遷され、九〇三(延喜三)年に同地で没した。死後怨霊・雷公として怖《おそ》れられた。祖父・父に続いて文章《もんじょう》博士となり、漢詩文集に『菅家文草《かんけぶんそう》』『菅家後集《こうしゅう》』がある。渤海使との交流の際の作品も多数おさめられている。

対外交流の転換期——内向き外交への転換

以上、大宝律令施行後の律令国家の対外交流についてながめてきた。新羅・渤海の両国ともに、初めは政治的な要因によって外交交渉を再開したり、開始したりしているが、八世紀中後半にいたり、ほぼ同じような時期に対日外交の主たる目的を貿易に変化させていった。これは新羅の統一、渤海の建国により、朝鮮半島や東北辺境の混乱が収拾され、唐を中心とする東アジア情勢の安定化を反映するものであり、国際貿易の周辺への拡大の経緯を示すものとして興味深いものがあろう。

なお、新羅との外交は七七九(宝亀十)年来日の使者を一応の最後とすると前に述べたが、実はこのあとも日本からは新羅に使者が派遣されている。八〇三(延暦《えんりゃく》二十二)年・八〇四(同二十三)年そして八三六(承和三)年である。それは遣唐使派遣に際して新羅に漂着した場合の保護依頼を目的としている。これまで終始新羅に対して高圧的な態度をとってきた日本が一転して辞を低くしてお願いし、協力を求める使者である。そこでは日本と新羅、あたかも攻守が逆転したかのような印象をあたえる折衝が行われている。それを明らかに示しているのが、八三六年の使者である。すなわち、同年、遣唐使派遣に先立ち、新羅に派遣された紀三津《きのみつ》が、その説明の不備を衝《つ》かれて偽使《ぎし》の疑いをかけられ、使命を果たせずに帰国した。このとき持ち帰った新羅の執事省牒の全文が『続日本紀』に掲載されており、「小人」「大国」の語で、それぞれ三津・日本と新羅とを対比させた文章をはじめ、全文にわたり日本に対して新羅がみずからを大国と任ずる意識が明白に示されている。この新羅側の態度に日本は憤慨した。「新羅側の言い分は嘘偽りに等しい。もし概要だけを記録に残せばかえって後世誤解を生じ、正しい評価ができないであろう。だから執事省牒の全文を掲載する」(『続日本後紀』同年十二月丁酉条)として憤懣やるかたない感情を露わにしている。

しかし、かつてのように新羅征討などはあらわれていない。この新羅の文書を受け取った日本の朝廷は、憤慨はしても、律令法に表明した対外認識がもはや破綻《はたん》したことを覚《さと》らざるをえなかった。そこで台頭してくるのが、新羅に対する一層の警戒心であり、これまで認めていた新羅人の帰化(移住)を一切認めないという方針を打ち出すことになる(『類聚三代格《るいじゅうさんだいきゃく》』▲承和九〈八四二〉年八月十五日官符《かんぷ》)。その背景には、次章にみるように、頻繁に来航するようになった新

▼『類聚三代格』　弘仁・貞観・延喜の三代の格を内容に応じて分類し編集した古代史の基本史料。

▼五代十国時代　唐滅亡から宋による統一までの時代。長安を中心とした河北を支配領域とする五代の王朝(後梁・後唐・後晋・後漢・後周)と、一〇余の地方政権が割拠して覇権を競い、後周の譲りを受けた宋が全土を再統一した(九七九年)。

▼呉越国　十国の一つ。九〇七～九七八年。都の杭《こう》州や明《めい》州(寧波《ニンポー》)など海外貿易の拠点を擁し、契丹や高麗そして日本との貿易を盛んに行った。領内に天台山があるところから仏教が盛んで、国王が商人に託して、会昌の廃仏や戦乱で失われた天台宗の経典を日本や高麗に求めることもあった。

羅商人がもたらす先進の目を瞠《みは》る品物を求めて日本人がわれ先にと殺到する現実に、憧憬《どうけい》や羨望《せんぼう》の念をいだくとともに、それが裏腹の憎悪の感情に転化するという複雑な思いもあったのである。

そして、渤海との外交にあっても日本からの使者は八一一(弘仁二)年をもって終り、遣唐使も八三八(承和五)年のものが最後となる。こののち、日本の外交といえば、もっぱら渤海使の往来によるもののみとなる。つまり九世紀前半には出かける外交を放棄し、日本の方針を容認するもののみを受けつけるという体制に転じている。これを受け容れたのは渤海であり、その渤海が滅亡してからは、ついに日本の外交相手はいなくなるのである。

こののち、唐が滅亡し、五代十国時代▲には呉越《ごえつ》国▲、五代十国を統一した宋、朝鮮半島の高麗などから公式外交の打診がなされるが、いずれも断わっている。大宰府で門前払いにする対応方法が定着するのである。このことは新羅人張宝《ちょうほう》高《こう》の朝貢(四八ページ参照)、後百済《ごくだら》王▲からの使者(九二二〈延喜二十二〉年)、および高麗からの医師派遣要請▲(一〇八〇〈承暦《じょうりゃく》四〉年)の対応に明確にあらわれている。前二者については、外交する資格は国王のみにあり、臣下《しんか》にはその資格がない

▼後百済王　新羅の武将甄萱《しんけん》が全羅道・慶尚道を地盤として九〇〇年に自立し、後百済王を称した。九二二年の使者は、対馬に漂着した漁民を日本が優遇し送り返してくれたことの謝礼を口実としたものであるが、日本は大宰府の名において、「甄萱がいかに功績をあげていても、朝貢は新羅王のみにゆるされることであり、臣下たる甄萱にその資格はない。よって表函(文書)も方物(贈り物)も朝廷に伝えることはできない」と回答している。

▼高麗の医師派遣要請　高麗文宗が風病に悩み日本に医師の派遣を求めてきた。朝廷では審議を重ね、初めは医師派遣を考えたが、もし治癒できなかったら日本の恥になるとの意見が大勢を占め、派遣拒否に決定した。ちなみに同じ高麗からの要請を受けた宋はただちに貴重な薬をもたせて医師団を派遣している。

(『礼記《らいき》』郊特牲篇に「人臣たる者に外交無し」とみえる)として斥けており、医師派遣要請の際には、送られてきた礼賓省牒《れいひんしょう》の文言や形式の不備を指摘し、朝廷に伝えることはできないとの趣旨を返答している。いずれも大宰府から報告を受けた朝廷では、転送されてきた外交文書を検討し、対応を協議し、返書も朝廷で作成しながら、すべて大宰府の名において拒絶しているのである。

こうして日本が国際社会から取り残される結果を招いたのは事実である。しかし、だからといって貝のように蓋《ふた》を閉じて交流を絶ったわけでもなく、絶たれたわけでもない。それは国家間交流の面だけであって、前代から比べれば環日本海・環東シナ海を舞台とした大航海時代ともいうべき商人の時代の幕が開かれるのである。そこで、つぎにこうした商人の活躍する姿を追ってみよう。

②—東アジア国際貿易の展開と日本

外国使節のもたらす「物」

　日本が出かける外交を閉じた理由の一つに、海外の「物《もの》」の入手が容易になってきたという事情がある。いつの時代でも日本の王権にとって中国や朝鮮の先進文物の独占的獲得とそれを分配する行為は、階層秩序の維持に重要な意義を有していた。日本が主体的に海外の「物」を獲得する方法としては、遣唐使《けんとうし》をはじめとする外国派遣使節が重要な役割を果たしていることはいうまでもない。六五四（白雉《はくち》五）年に帰国した遣唐使がたくさんの「文書《ふみ》（書籍）・宝物《たからもの》」を持ち帰ったことが特筆されているように（『日本書紀《にほんしょき》』同年七月是月条《このつき》）、とりわけ直接入手する機会をもつ遣唐使には、時代を問わず一貫して先進文物の獲得が使命の一つとして課せられていた。天皇が遣唐使のもたらした珍しい品々を献上される場、それを臣下《しんか》に班賜《はんし》する場は、あらためて君臣関係を確認する場ともなったであろう。

　遣唐使の場合、唐皇帝に朝貢品《ちょうこうひん》▲を献上し、回賜《かいし》として返礼の品々を受け取

▼朝貢品　『延喜式』大蔵省には、唐皇帝への贈り物として、「銀・水織絁・美濃《みの》絁・細絁・黄絁・黄糸・細屯綿《ほそつみ》、別送綵帛《さいはく》・畳綿・屯綿・紵布《ちょふ》・望陀《まぐだ》布・木綿《ゆう》・出火水精《しゅつかすいしょう》・瑪瑙・出火鉄・海石榴《つばき》油・甘葛汁《あまずらのしる》・金漆《こしあぶら》」の品目と数量があげられている。中国史料では、天平度遣唐使が「美濃絁二百匹、水織絁二百疋」を献上したことがみえる（『冊府元亀《さっぷげんき》』外臣部・朝貢四）

る形が基本であり、この行為を物の移動を重視して朝貢貿易と称することがある。しかし、これはあくまでも政治儀礼にともなう宝物の授受と理解すべきであり、また回賜品でもってすべての欲求を満足させることはできない。そこで遣唐使は長安《ちょうあん》をはじめ大都市で買い物を行っている。ただし唐には高度な技術などが安易に国外に伝わることをきらい、国外持出禁制品《きんせいひん》▲が指定されており、揚《よう》州の市場にでかけた遣唐使が勝手に買物をしようとして逮捕されたこともあった(『入唐求法巡礼行記《にっとうぐほうじゅんれいこうき》』開成四〈八三九〉年二月二十〜二十二日条)。また留学生《るがくしょう》・留学僧らも、勉学・修行に励むかたわら、それぞれの分野で有用な文物の収集につとめている。たとえば入唐・帰国を共にした吉備真備《きびのまきび》▲と玄昉《げんぼう》▲の例をあげると、真備は『唐礼《とうれい》』をはじめ暦本《れきほん》などの書籍に楽器や武器の見本など、玄昉は経典五〇〇〇余巻(当時漢訳されていた経典のほぼ全部とみられる)および仏像などをもたらしている(『続日本紀《しょくにほんぎ》』天平七年四月辛亥《しんがい》条、同十八年六月己亥《きがい》条)。

このようにして遣唐使をはじめとする外国派遣使節が得た文物は当然国家に帰属するので、とくに法体系に条文は定められていない。日本の律令《りつりょう》国家が独占をめざして留意したのは、来日する外国使節のもたらす品物であった。

▼**禁制品**　唐関市令《けんしりょう》復旧第四条には、辺境での交易や輸出禁止品目として、錦・綾・羅《ら》・縠・紬・綿・絹・絲・布・氂牛《やく》尾・真珠・金・銀・鉄などがあげられている。

▼**吉備真備**　七一七(養老元)年留学生として入唐、七三五(天平七)年に帰国した。橘諸兄《もろえ》に登用されたことから藤原広嗣《ひろつぐ》の乱を招く原因ともなった。七五二(天平勝宝四)年には遣唐副使として再度入唐している。帰国後も政界で活躍し、右大臣にまでのぼった。『旧唐書』などで「唐からもらった費用全部を書籍購入費にあてた」と特筆されているのは真備のこととみられ、『続日本紀』宝亀六(七七五)年十月壬戌条の薨伝《こうでん》には「わが国の留学生で唐国に名を残しているのは吉備真備と阿倍仲麻呂《あべのなかまろ》の二人だけ」と記されている。

▼**玄昉**　法相宗《ほっそうしゅう》の僧。玄宗《げんそう》皇帝の尊崇を受け、三品に準じて紫袈《け》裟《さ》の着用を許された。帰国後の七

官司先買の基本方針

律令には、蕃客《ばんきゃく》が来日した場合、まず官司《かんし》(朝廷)が貿易を行い必要とする品を確保したのち、残余の品を民間で適正な価格で取引を許すという官司先買《かんしせんばい》の基本方針▲が定められている。このような条文は唐律令にはなく、日本独自の規定で、先進文物の独占的獲得と頒賜《はんし》をてことして国内秩序の維持に役立てようとする考えがよくあらわれている。

律令の貿易条文が実質的に適用されるのは、新羅《しらぎ》使・渤海《ぼっかい》使になる。平城京の長屋王《ながやおう》邸跡出土木簡《もっかん》のなかに「渤海使」「交易」と書かれた習書《しゅうしょ》木簡があり、七二七(神亀《じんき》四)年に来日したはじめての渤海使を自邸に招いた長屋王とのあいだで取引が行われたことを示す史料とみられている。長屋王は新羅使を自邸に招いて詩宴を催していることもあり(『懐風藻《かいふうそう》』)、そのような際に交易が行われたことも推測される。早くから来日公使と国家間贈答以外の貿易が行われていた徴候を認めることができるのであるが、それはまだ高級官人とのあいだに限られていたのではないだろうか。遣唐使のもたらした信物を班賜される対象も、親王《しんのう》らの皇族および公卿《くぎょう》に限られ、まれに天皇側近の女官《にょかん》がみられる程度であ

三七(天平九)年には僧正《そうじょう》に任命された。聖武《しょうむ》天皇の生母藤原宮子《みやこ》の病気治癒に効果をあげて信頼を得、吉備真備とともに橘諸兄政権のもとで権力をふるった。藤原広嗣の乱ののち、七四五(天平十七)年、大宰府の観世音寺《かんぜおんじ》に追放され、翌年に死去した。

▼官司先買の基本方針　関市令に「凡そ官司未だ交易せざる前、私に諸蕃と交易するを得ざれ。人の為に糺《ただ》し獲《え》たれば、二分して一分を糺さん人に賞《たま》い、一分は没官せよ。若し官司、その所部において捉え獲たれば、みな没官せよ」とあり、雑律(『類聚三代格』延喜三〈九〇三〉年八月一日太政官符所引逸文)には違反者に対する処罰規定が定められている。

る。舶来の品を手にできるのは一握りの人であり、多くの貴族にとっては高嶺《たかね》の花であったのである。

新羅王子金泰廉の来日と貿易

やがて国家間の儀礼的贈答の付録にとどまらない本格的な国際貿易が行われるようになる。その端緒は、七五二(天平勝宝《てんぴょうしょうほう》四)年に七〇〇余人という空前の規模の新羅使王子金泰廉《きんたいれん》一行の来日にある。入京した金泰廉らが平城京《へいじょうきょう》の官人を相手として大規模な貿易を行ったことが、正倉院宝物《しょうそういんほうもつ》「鳥毛立女屏風《とりげりつじょのびょうぶ》」下貼りに使われていた「買新羅物解《ばいしらぎぶつのげ》▲」と呼ばれる文書によって知られる。購入を希望する品目・数量およびその合計の点数、そしてそれらの対価(糸や綿)を記して、大蔵省もしくは内蔵《くら》寮に提出した文書である。官司先買ののち、適正な価格による民間での取引を認めるという律令法に基づく管理システムがとられていたことを示している。その品目は、佐波理《さはり》▲製食器などの新羅特産品だけでなく、唐の工芸品、さらに遠く東南アジア以西でとれる香料・薬品など、当時唐で取引されていた国際貿易品を網羅している。このころ、新羅では対唐関

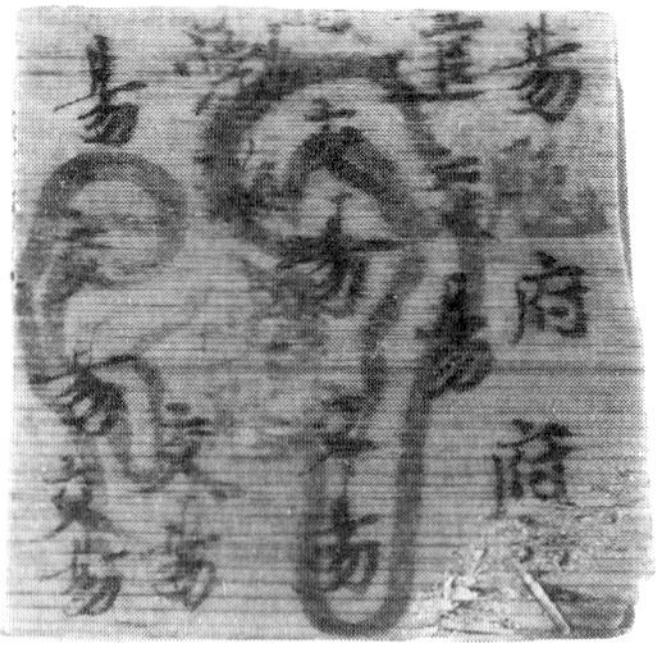

●——長屋王邸跡出土習書木簡「渤海」「交易」

▼買新羅物解　正倉院宝物の「鳥毛立女屏風」の下貼りに使われていた反故《ほご》の文書で、江戸時代の修補の際にはがしとられ、一部が院外に流出した。完全な形の文書はなく、いずれも断簡であるが、四五ページ掲載写真の文書はほぼ完形に近い。購入を希望する品目二三種を上下二段に書き、そのあとに対価としての綿・糸の数量を記している。希望品目のうち、「同

黄」「朱沙」は顔料、「松子」は朝鮮産松の実、「木槵子」は数珠の材料むくろじの実、「牙鏤梳」等は象牙製の櫛とかんざし、「口脂」は口紅、「鉄精」は銅器の研磨剤、「蘇芳」は染料である(東野治之氏)。

▼**佐波理**　新羅特産の銅・錫・鉛の合金。「匝羅」とも書き、食器などの器物を意味する朝鮮語「サバル」に由来すると推測されている。現在正倉院に碗・匙・皿などが多数伝存する。次ページ写真参照。

係の進展にともなって大量の物資が輸入され、また国内産業・経済が著しく発展した。金泰廉一行は、その輸出市場を日本に求めた新羅の国家をあげての経済使節団の性格をもっていたのであり、人数の大半は貿易要員とみなされるのである。そしてその目論見《もくろみ》はあたり、日本人の舶来品熱を高め、購買層を広げることに成功したことは、こののちの歴史に明らかである。

　そして上京の人数が制限されることから考えて、来日新羅使の大部分は大宰《だざい》府鴻臚館《ふこうろかん》ないし付近にとどまっていたとみられ、この間おそらく大宰府官人や在地の人びととのあいだで私貿易が行われていたと推測して誤りないであろう。前述のように(二三ページ参照)、こののちの新羅使は来日しても最後の使者を除いて入京を認められることはない。政治的な課題をもって来日するのであれば、日本側の要求に迎合する姿勢を多少なりともみせ、入京して外交折衝を求めるであろう。ところが毎回「異例」「無礼」として大宰府から「放還《ほうかん》」(帰国)されても新羅側に改善する姿勢はまったくみられない。「放還」を承知のうえで新羅が使者を派遣し続ける背景に貿易があることはまちがいないであろう。七六八(神護景雲《じんごけいうん》二)年に左右大臣らに「新羅の交関物《こうかんもつ》を買」うための費用として大宰府

●──正倉院のなかの新羅物　正倉院に収蔵される宝物は，唐からの船載品と思いがちであるが，実際には新羅からもたらされた物も多く含まれている。

墨　中央に「新羅楊家上墨」と陽刻されている。新羅の楊家が作った上等の墨の意味で、わざわざ「新羅」の文字が記されているのは、はじめから輸出を目的としていたか。

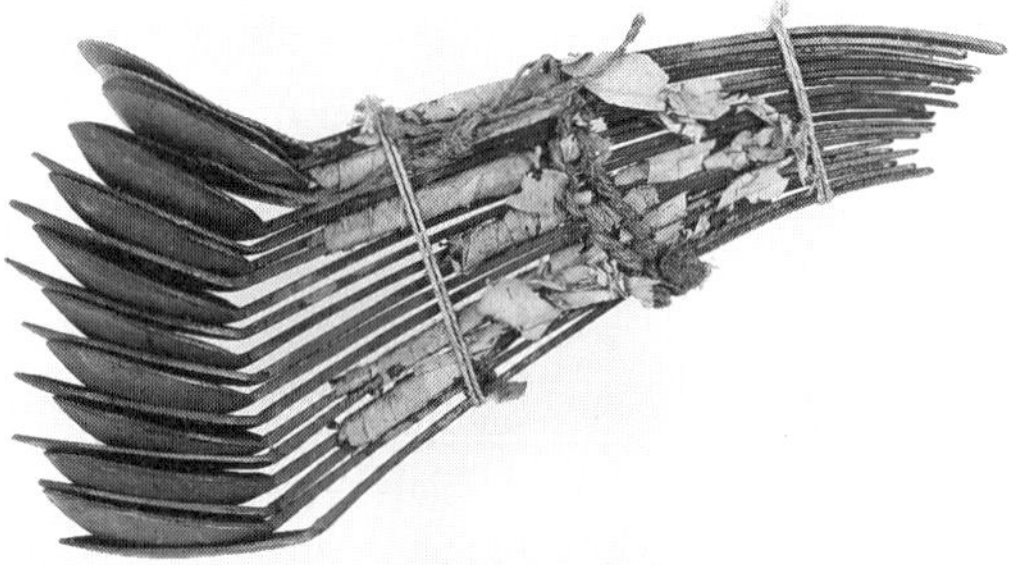

佐波理加盤《かばん》(上)と匙《さじ》　新羅特産の銅・錫・鉛の合金である佐波理製品。入子式の碗10口と蓋。匙は木葉形と円形のものとを一組とし，10組が束ねられている。

色氈《しきせん》　獣毛の繊維を圧縮してフェルト状にした敷物。右上に麻布の付箋があり，その墨書銘には新羅の文字が使われている。

●—「鳥毛立女屛風」六扇のうち第三扇
樹木の下に憩う女性の衣装のうえに，もとは鳥の羽毛が貼付されていた。わずかに残る羽毛片が日本の山鳥のものであり，また屛風の下貼りに反故となった「買新羅物解」が用いられていたことから，国産品であることが確認された。

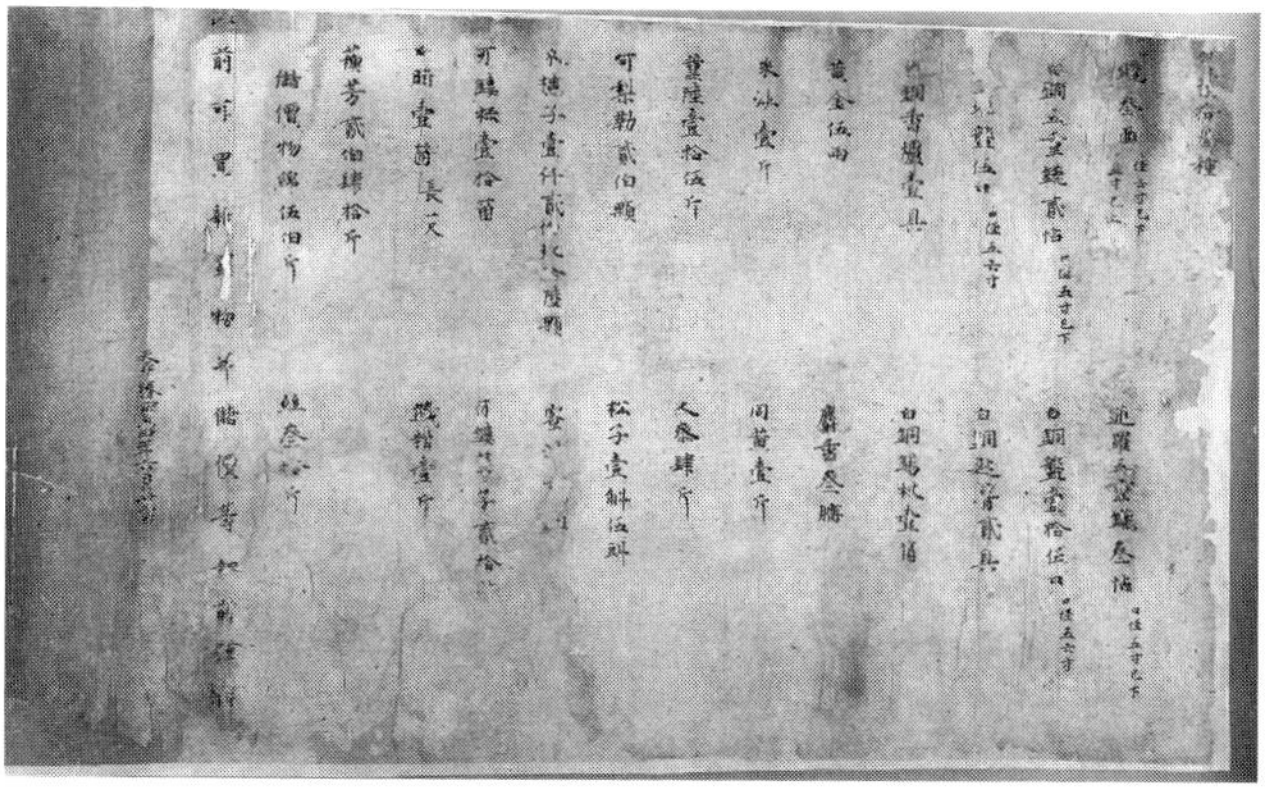

白銅五重鋺貳帖
白銅香爐壹具
黄金伍両
朱沙壹斤
可梨勒貳伯顆
迊羅五重鋺参帖
白銅盞壹拾伍口
白銅匙箸貳具
白銅錫杖壹箇
麝香参臍
同黄壹斤
人参肆斤
松子壹斛伍斗
蘇芳貳伯肆拾斤
以前可買新羅物并儲價等如前謹解

●—買新羅物解

の綿が支給されている(『続日本紀』同年十月甲子《こうし》・庚午《こうご》条)。筑紫《つくし》の綿▲は良質の品として知られ、新羅側の求める対価も綿や糸などの繊維原料であった。来日しても入京するかわからない新羅使との貿易対価として支給されているからには、その支給地は平城京ではなく、大宰府とみなければならず、同地で貿易が行われていたことを示している。つまり新羅使は入京しなくとも貿易の目的は達成することができたのである。そしてこのころには新羅商人の活躍も始まっているとみられる。新羅商人の初見史料は八一四(弘仁《こうにん》五)年のことであるが(『日本《にほん》後紀《こうき》』同年十月丙辰《へいしん》条)、九州北部の八世紀末から九世紀前半の遺跡から中国陶磁器が出土しており、すでにそれ以前から彼らの活動が始まっていたとみてまちがいないであろう。

金泰廉一行来日の意義はなんといっても日本人のあいだに高嶺の花である舶来品欲求熱を高め、購買層を拡大したことにある。これまでは皇族や公卿クラスにしか手の届かなかった唐物を、五位クラスの中級貴族でも入手する機会を得たのである。そしてまた大宰府付近にもその種が蒔《ま》かれた。新羅商人活躍の素地がつくられたとみてよい。こののち新羅使の来日は七七九(宝亀《ほうき》十)年を最

▼**筑紫の綿**　造筑紫観世音寺別当満誓《まんせい》は「しらぬひ筑紫の綿は身につけていまだは著《き》ねど暖かに見ゆ」(『万葉集』三三六番)とうたっている。

後とするが、民間の商人がすでに成長し、日本市場も十分に開かれた。おりしも最後通牒に等しい通告(二一四ページ参照)を突きつけられた新羅は日本外交に見切りをつけ、公使の派遣を停止したのである。

新羅商人の活躍

初期の対日貿易を担った新羅商人は、新羅人といっても唐在住の新羅人が中心であった。新羅では飢饉《ききん》や争乱で唐に移住する者も多く、彼らは新羅坊《しんらぼう》▲と呼ばれる居留区を形成して、自治を認められ、商業活動などに従事していた。その主要な拠点が、山東《さんとう》半島の登《とう》州、そして江南《こうなん》と洛陽《らくよう》・長安《ちょうあん》を結ぶ大運河の要衝揚州のすぐ北の楚《そ》州(現在の江蘇《こうそ》省淮安《わいあん》市)に存在した。

事実上最後となった八三八(承和《じょうわ》五)年入唐《にっとう》の遣唐使は、楚州の新羅船九隻と「海路を諳《そら》んじている」新羅人六〇余人を雇って帰国している(『入唐求法巡礼行記』開成四〈八三九〉年三月十七日条)。新羅人がすでにこのとき熟知していたというからには、日本・唐・新羅三国間を結ぶルートを、これ以前から何度も往来していたのであろう。僧円仁《えんにん》が彼ら在唐新羅人の援助によって唐国内を巡礼す

▼**新羅坊**　新羅人居留区で、責任者として総管《そうかん》がおかれていた。登州・楚州の新羅坊については『入唐求法巡礼行記』に詳しく記されている。なお、広《こう》州にはアラビア人の居留地があり、蕃坊《ばんぼう》と呼ばれ、責任者として蕃長《ばんちょう》がおかれた。

●——莞島の清海鎮遺跡

▼『樊川文集』　「江南の春」で有名な晩唐の詩人杜牧《とぼく》の詩文集。

▼張宝高と日本人　円仁は入唐に際して筑前太守《ちくぜんたいしゅ》（筑前権守小野末嗣か）から張宝高宛の書状を託されている（『入唐求法巡礼行記』開成五年二月十七日条）。この筑

ることができたことはよく知られている。親日的雰囲気が早くから醸成されていたのであろう。

円仁入唐のころ、在唐新羅人の中心となり、円仁を支援した人物が張宝高《ちょうほうこう》（張保皐《チャンボゴ》）である。新羅生まれの宝高は、若くして唐に渡り、武人として名をあげた。やがて新羅に戻り、新羅西海に出没する海賊取締りを国王に願い出て、朝鮮半島南端の莞島《ワンド》に拠点（清海鎮《せいかいちん》）を構えた。地の利をいかして新羅・唐・日本三国間貿易を積極的に進め、その経済力を背景に新羅の王位継承問題に重要な役割を果たすまでの活躍をみせている（『三国史記《さんごくしき》』『樊川《はんせん》文集』▲張保皐・鄭年伝）。張宝高は貿易を有利に運ぶためか日本の朝廷に朝貢を願い出ているが、臣下《しんか》たるものに外交の資格はないとして拒否されている（『続日本後紀《しょくにほんこうき》』承和七〈八四〇〉年十二月己巳《きし》条）。しかし張宝高の対日貿易活動は日本人のあいだに浸透し、▲日本側にも受け身の立場でなく、前筑前守《ちくぜんのかみ》文室《ふんや》宮田麻呂《みやたまろ》▲のように、あらかじめ対価としての絁を渡して唐物《からもの》を受け取る、輸入業者ともいうべき人物があらわれている。宮田麻呂は筑前守在任中から宝高と取引していたのであろう。宝高の死去が伝えられると、宝高の部下と取引をめぐってトラブルを生じ、朝廷か

ら譴責《けんせき》されている（『続日本後紀』承和九〈八四二〉年正月乙巳《いっし》条）。海外の文物の独占を基本とする王権からすれば、宮田麻呂のような人物は危険きわまりない存在である。翌年十二月宮田麻呂は謀反《むへん》の嫌疑で逮捕される。ただし八六三（貞観《じょうがん》五）年に行われた冤罪《えんざい》被害者の霊魂をしずめる御霊会《ごりょうえ》では、六人の御霊の一人としてまつられているので（『日本三代実録《にほんさんだいじつろく》』同年五月二十日条）、朝廷の危機感から生じた冤罪事件の犠牲者であろう。いずれにしても京都から遠く離れたところでは、国境を超えた新しい事態▲が起こっていたのである。

渤海使と貿易

一方、渤海も新羅とほぼ同じころ、貿易を主たる目的として日本に使者を派遣するようになる。すでに紹介したように、長屋王邸跡出土木簡のなかに、「渤海使」「交易」と書かれた習書木簡がある。緊迫した国際情勢に対応することを目的として対日外交を始めた渤海であるが、それでも当初から貿易行為がともなっていたとみなされる。やがて対唐関係の安定化とともに渤海使の来日目的そのものが貿易へと移っていく。七七一（宝亀二）年来日の渤海使一行は前後に

前太守も宝高と取引があったのであろう。

▼文室宮田麻呂　八三九（承和六）年従五位上となり、八四二（同八）年には筑前守に任命されている。

▼新しい事態　八六六（貞観八）年には肥前国基肄《きい》郡司が新羅で武器の製造法を教わって対馬を奪おうという計画が発覚し、八六九（同十一）年には新羅の海賊が博多に停泊中の船を襲って年貢の絹・綿を奪うという事件、その翌年には大宰少弐《だざいのしょうに》藤原元利麻呂《もとりまろ》が新羅国王と通謀して国家を害せんとする計画が露見するなど、国境を超えた事件があいついで起こっている。なかでも新羅海賊は、こののち八九三（寛平五）年から翌年にかけて大規模な行動を展開する。

例をみない一七隻・三二五人という大規模な船団を組んで来日した。このときの渤海王の国書をめぐって大きな問題が起こるが(二九ページ参照)、大使が謝罪し、国書を王にかわって書きなおすという異例の形で収拾された。このなんとしても日本側との円滑な交渉にこだわる渤海使の姿勢から、彼らがいかに貿易に執着していたかを知ることができる。

七九六(延暦《えんりゃく》十五)年に遣渤海使が持ち帰った国書で、渤海王は年期《ねんき》つまり日本への使節派遣の間隔について定めてほしいと申し出てきた。こののち、交渉が続けられ、最終的には八二四(天長《てんちょう》元)年に一二年に一度の来航とすることで決着した(『類聚三代格《るいじゅうさんだいきゃく》』天長元年六月二十日太政官符《だいじょうかんぷ》)。年期について渤海側から言いだしているのは、日本との安定した交渉を求めてのことであり、日本を有力な市場とみなす貿易への意欲がある。年期制定の翌年(八二五〈天長二〉年)、決められたばかりの年期に違反して渤海使が来日した際には、右《う》大臣藤原緒嗣《おつぐ》▲に、「渤海使は商旅《しょうりょ》(商人団)であって、外交使節ではない」と指摘されるまでにいたるのである(『類聚国史《るいじゅうこくし》▲』巻一九四・天長三〈八二六〉年三月戊辰朔《ぼしんのついたち》条)。しかし渤海使は在唐日本人に関する情報伝達など、あれこれ口実を設けては、年期を

▼**藤原緒嗣**　平安初期の公卿。桓武《かんむ》以下五代にわたる天皇の信任を受け、八〇五(延暦二十四)年に平安京造営と蝦夷《えみし》征討の中止とを主張して容れられたことはよく知られている。編纂を主宰した『日本後紀』掲載の人びとの伝記における毀誉褒貶《きよほうへん》、率直な評言は、「国の利害、知りて奏せざる無し」といわれた緒嗣の方針によるものとみられている。

▼**『類聚国史』**　菅原道真編。六国史の記事を、事項別に分類し、年代順に配列したもの。全二〇〇巻のうち、現存六一巻で、高句麗・渤海関係記事が殊俗《しゅぞく》部に収められて伝存している。

破って来航した。その場合は、入京を許されず、おもに北陸方面の到着地から帰国させられるのであるが、彼らの目的は日本滞在で十分に果たされたのである。

八二七（天長四）年に但馬《たじま》国に来着した渤海使の処遇について国司《こくし》に指示した太政官符の一節に、「蕃客がもたらした品物を勝手に貿易することは律令で禁止されている。それにもかかわらず人びとは舶来品を求めて渤海使のもとに殺到して貿易を行っている。国司は厳しく取り締まれ。もし違反する者があれば百姓は一〇〇回の杖打ちの刑、王臣家《おうしんけ》が家人《けにん》を派遣して購入しようとしたならば、その使者を捕えて報告せよ。国司が王臣家の者に遠慮して見て見ぬ振りをしたり、自分が私貿易を行った場合には厳罰に処す」とみえる（『類聚三代格』天長五〈八二八〉年正月太政官符）。最後のところでわざわざ国司にみずからが私貿易に参加すれば厳罰に処すと念押ししているところに、管理にあたるべき国司らがいかに違法行為を行っていたか知ることができる。八八二（元慶《がんぎょう》六）年に渤海使が来着した加賀《かが》国にくだした官符でも、同様の趣旨を指示している（『日本三代実録』同年十一月二十八日条）。つまり渤海使は国賓として入京を認められなくても、一定期間滞在するあいだに地元で貿易を行うことができたのである。貿易は朝廷公認のもと、とくに最大の消費地である京都で行うことがやはり有利で、正規に入京した場合は朝廷公認のもとに市場で交易を行っている。▲しかしそれでも渤海使は年期違反を承知で来航を続けるのである。

貿易独占の危機

貿易を専門とする新羅商人の頻繁な来航、公使とはいえ事実上商人とみられる渤海使の来日は、支配層にとって海外の文物をより容易に入手する機会となっていった。これが出かけていく外交に消極的になる大きな理由でもある。しかしそれはまた購買層の拡がりをもたらし、舶来品の独占的入手をめざす王権にとっては危機的状況の始まりでもあった。そのためしばしば官司貿易以前の取引を禁止する太政官符をださなければならない事態を迎えることになる。さきに八二七(天長四)年の渤海使来着の際の例をあげたが、八三一(同八)年九月七日には来日新羅商人のもとに人びとが殺到して不当な高値で買い求める現状を、「舶来品ばかり欲しがって、国産品を軽視している」と戒め、その原因は大

▼**渤海使の平安京貿易**　八七一(貞観十三)年来日の渤海使の場合、翌年入京したのち、五月二十日にまず内蔵寮と、翌日には京師の人と、翌々日には市場の人びとと交易を行っている。とくに最終日には四〇万銭を賜与され、呼び集められた市場の人びとから日本の産物を購入している。

▼**開元の治**　唐代のもっともはなやかな時代を象徴する言葉。玄宗皇帝の治世が政治的にも文化的にもすばらしい時代であったとして、その年号をとって称される。

宰府官人がしっかり監督していないからだと譴責する太政官符がだされている(『類聚三代格』)。ほかならぬ在地で律令法の遵守にあたるべき大宰府官人や国司、そして支配層内部の者(王臣家)たちが競って私貿易を行っているのが現状であった。それほど新羅商人や渤海使がもたらす品物は日本人の心をとらえ、律令の規則を無視してまで人びとが殺到したのである。

伝来のルート

このような八世紀半ばにおける新羅・渤海のほぼ軌を一にした政治から経済への対日外交目的の転換は、東アジア情勢と深くかかわっている。唐代、とくに開元《かいげん》の治《ち》▲と呼ばれる栄華を迎えた玄宗《げんそう》皇帝(在位七一二〜七五六)の時代以降、これまでにない国際交流の時代を迎え、陸路のシルク・ロードに加えて海上貿易の隆盛をみたことは、南海貿易船の管理、徴税業務などを職務とする市舶司《しはくし》▲が広《こう》州に設置されたことに象徴されている。こうした唐国内の市場を国外へと拡大することに活躍したのが、胡人《こじん》と呼ばれる中央アジアのソグド人▲やペルシア人商人であった。

▼**市舶司**　海外貿易の事務管掌のため、主要貿易港におかれた機関。唐代にはじめて広州におかれた。その後宋代には泉《せん》州・明州・杭州など多く設けられた。関税業務を中心とし、宋代には貿易に出かける商人に公憑《こうひょう》と呼ばれる許可書を発行した。公憑には船頭の名称、船員の数、積み荷の内容、禁止事項などが詳細に記されており、必ず公憑発給地に帰航することとされていた。宋代の対日貿易は明州市舶司が管掌していた。

▼**ソグド人**　ソグディアナすなわち西トルキスタン地域のイラン系住民。古くから東西貿易に活躍し、中心となるサマルカンド(康国)では、子どもが生まれると口に蜜を含ませ、掌には膠《にかわ》をおく。それは成長して口はつねに甘い言葉を述べ、掌には銭を手にいれるように願ってのことである、という逸話が伝えられている(『唐会《とうかい》要《よう》』)

日本に海外の物産が伝えられるおもなルートは、唐・新羅ルートと渤海ルートに大別することができる。まず唐・新羅ルートで注目されるのは、揚州の存在である。八世紀以降、東シナ海横断路いわゆる南路をとるようになった遣唐使が往復に利用した唐の港は、揚子江《ようすこう》の河口付近にある揚《よう》州・蘇《そ》州そしてやや南に位置する明《めい》州などであった。なかでも揚子江河口付近から運河を利用して洛陽・長安へと向かう交通の要衝に位置し、江南の豊かな物資や外国貿易品が集積し、商業が盛んに行われていた揚州が中心となっていた。揚州は唐代有数の都市で、その繁栄について「揚州が一番、益《えき》州（四川《しせん》省成都《せいと》）が二番」と称されている（『資治通鑑《しじつがん》▲』景福元〈八九二〉年条）。遠く東南アジア以西の貨物は広州（広《カン》東《トン》）から海岸にそって北上して集まり、ペルシア商人ら多数の外国人商人が居住していた。七六〇（上元元）年には安史の乱平定のため揚州にはいった軍隊によって、在住の「大食・波斯《ペルシア》賈胡」数千人が殺害されたと伝えられている（『新唐書』田神功《でんしんこう》伝）。揚州はまさに国際都市であった。その市場のにぎわいは、八世紀末から九世紀初めにかけて活躍した詩人王建《おうけん》が「夜、揚州の市を看《み》る」と題した作品に、「夜市《やし》の千灯、碧雲《へきうん》を照らし、高楼《こうろう》の紅袖《こうしゅう》、客紛々、如今時平の日に

▼**『資治通鑑』**　宋の学者で宰相になった司馬光《しばこう》が編纂した編年体史書。周威烈王《いれつおう》二十三（前四〇三）年から後周顕徳《けんとく》六（九五九）年までの歴史を大義名分・正統論の視点から叙述している。

似ず、なお笙歌《しょうか》、暁《あかつき》を徹して聞こゆ」と、夜になっても喧噪《けんそう》に満ちあふれているようすをいきいきと写している。八三九(開成四)年十二月には、揚州の市から出火し、数千家を焼失したという。店舗・家屋が密集しているようすを髣髴《ほうふつ》させる。円仁の『入唐求法巡礼行記』には遣唐使が市場に買い物にいったことが記されている(開成四年二月二十日条)。

また揚州といえば、鑑真《がんじん》▲の生地であり、日本の遣唐使が渡航を要請するために赴いた先は揚州の大明寺《だいめいじ》である。第一回の日本渡海に際して鑑真が揚州で調達したとみられる品物のリストが『唐大和上東征伝《とうだいわじょうとうせいでん》』▲にみえる。仏像・仏具・経典のほか、香料として麝香《じゃこう》・沈香《じんこう》以下十数種が列挙されている。これらのなかには中国に産するものもあるが、外国産の輸入品が多数を占めている。香料・薬材は仏事をはじめとする各種の儀式に欠かすことのできないもので、日本の支配層がもっとも珍重し、必要とした舶来品の一つである。八七四(貞観十六)年には、わざわざ香料を求めるための使者を唐に派遣しているほどであり(『日本三代実録』)、時期はくだるが、入宋僧成尋《じょうじん》が宋《そう》の皇帝の質問に、わが国の重要な輸入品は香・薬・茶碗・錦・蘇芳《すおう》▲と答えており(『参天台五台山記《さんてんだいごだいさんき》』熙

▼**鑑真**　六八八～七六三年。揚州の出身。七〇一年に出家。洛陽・長安で修行を重ね、郷里に帰り、大明寺を拠点として戒律《かいりつ》を伝授。この地方随一の高僧と称された。七四二年にはじめて日本の遣唐使から渡来の要請を受け、五度失敗ののち、七五三(天平勝宝五)年ようやく渡航に成功した。七五六(天平勝宝八)年に大僧都《だいそうず》、七五八(天平宝字二)年には大和上《だいわじょう》の号を授けられた。翌年には唐招提《とうしょうだい》寺《じ》を開き、戒律の普及につとめた。

▼**『唐大和上東征伝』**　鑑真の伝記。全一巻。七七九(宝亀十)年成立。淡海三船《おうみのみふね》撰。鑑真に随行して来日した弟子の一人思託《したく》が、師の行状を後世に伝えるために撰述を依頼した。一二九八(永仁《えいにん》六)年には『東征絵伝』がつくられている。

▼**蘇芳**　蘇木とも書く。東南アジア・インド産のマメ科の木。赤や紫の染料材として珍重された。

寧五年十月十五日条）、また『徒然草《つれづれぐさ》』には「唐の物は薬の外はなくとも事かくまじ」と記されている。

渤海ルートは中央アジアのソグド人の活動と深くかかわっている。早くからシルクロードの中枢に位置して東西貿易に活躍していたソグド人は北方にも赴き、商才をかわれて突厥《とっけつ》▲など遊牧国家の顧問格にも迎えられている。渤海は建国の初期には突厥の庇護を受けており、渤海領内からはソグド人居留地遺構の発見も報告されているので、ソグド人の足跡が渤海にまでおよんでいたことはまちがいない。

渤海は広大な領域を支配するために上京龍泉府《じょうきょうりゅうせんふ》▲（黒龍江省《こくりゅうこう》寧安市《ねいあん》）以下の五京を中心に、一五の府、六二の州をおき、州の下には県をおく体制をとった。『新唐書《しんとうじょ》』渤海伝には、東京《とうきょう》は日本道、南京《なんきょう》は新羅道、西京《せいきょう》は朝貢道、そして一五府の一つ長嶺府《ちょうれいふ》は営州《えいしゅう》道とあり、それぞれ渤海の対外関係のルートの拠点となっていたことが知られる。このうち唐との交通路が朝貢道と営州道である。朝貢道は現在の中国と北朝鮮との国境を流れる鴨緑江《おうりょくこう》を利用して南下し、河口にでると沿岸を北上して遼東《りょうとう》半島にいたり、そこから黄海《こうかい》を渡って対岸山東

▼突厥　Türk の漢字音写で、モンゴリアに建てられたトルコ民族の国家。途中中断をへて、五五二～七四四年に存在した。隋・唐時代には大国として両王朝に匹敵する勢力を誇った。

▼上京龍泉府　渤海の五京の一つで、もっとも長く首都として使われた。発掘調査により、東西約五キロ、南北約三、四キロの長方形で、中央北部に宮城を設け、京内は条坊で区画された中国式都《と》城《じょう》プランをもつことが明らかにされている（二一五ページ参照）。京城内からは五つの宮殿や寺院、園池の遺構、釉薬《うわぐすり》の用いられた豪華な瓦などが発見されている。渤海の五京はこのほか、中京顕徳府《ちゅうきょうけんとくふ》（延辺《えんぺん》朝鮮族自治州和龍《わりゅう》市）・東京《とうきょう》龍原府（吉林《きつりん》省琿春《こんしゅん》市）・南京南海府《なんきょうなんかいふ》（北朝鮮咸鏡南道北青《かんきょうなんどうほくせい》郡青海《せいかい》土城？）・西京鴨緑府《せいきょうおうりょくふ》（吉林省臨江《りんこう》市？）

●—ソグド商人

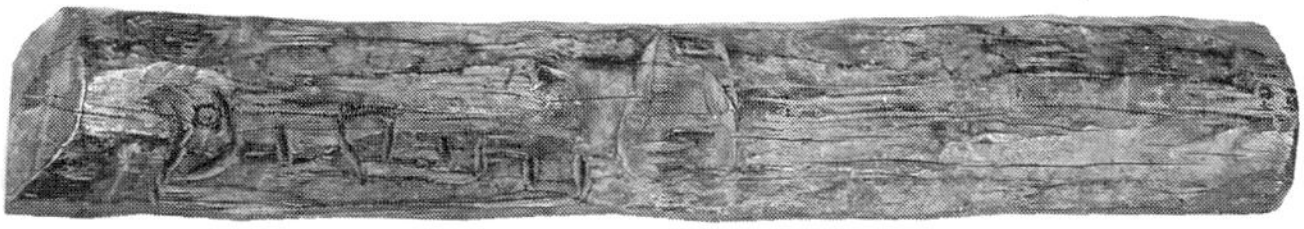

●—法隆寺に伝わった白檀の原木　ソグド文字の焼印とペルシア文字の刻銘がある。

●—鑑真ゆかりの揚州・大明寺

●—遣唐使をはじめ，多くの日本人が利用した蘇州の運河

半島の登州に上陸する。さらにそこから陸路・水路を利用して洛陽・長安へと到達するルートである。登州はまた新羅使の上陸地でもあるため、新羅館・渤海館が設けられている（『入唐求法巡礼行記』開成五〈八四〇〉年三月二日条）。唐は国境地帯に外国との貿易を行うための市（互市《ごし》▲）を開いたが、登州はまさに新羅・渤海との互市の場として機能していたのである。このようにメインルートは朝貢道であるが、営州道も重要な意味をもっていた。

　営州道とは唐の東北経営の拠点の一つ営州都督府《ととくふ》にいたるルートで、渤海側の出発点とされる長嶺府は現在の吉林《きつりん》省樺甸《かでん》市とみられている。この営州（現在の遼寧省朝陽）が渤海貿易のうえでも注目されるのである。唐はいったん廃止した営州都督府を七一七（開元五）年にふたたびおいたが、このときその責任者は多くの「商胡《しょうこ》」つまりソグド商人を招き、店を構えて商売を行わせたところ、数年にして州の倉庫は貨物で満ちあふれ、人びとでにぎわったと伝えられている（『旧唐書《くとうじょ》』『新唐書』宋慶礼伝《そうけいれいでん》）。また渤海や新羅の監督を任務とする平盧節度使《へいろせつどし》▲（天宝元〈七四二〉年任）をおびていた安禄山《あんろくざん》は、多数の商胡を集め、彼らを諸国に派遣して積極的に商売を行わせて多額の利益をあげ、来たるべき反乱のときに

▼**互市**　唐関市令復旧第五条によれば、互市の場は四方を塹壕《ざんごう》と垣根によって囲み、門以外には出入りを認めず、唐の官人が価格を査定したのちに交易が行われた。

▼**平盧節度使**　節度使は数州を管轄し、兵政・民政・財政の三権を掌握し、しだいに強大な軍閥となった。平盧節度使の治所は営州におかれた。

備えるとともに、「珍禽奇獣、珠宝異物」を皇帝に献上する使者の絶えることがなかったという(『資治通鑑』『安禄山事跡』)。安禄山の反乱軍は実際に渤海にまで使者を派遣し援軍を求めている(『続日本紀』天平宝字《てんぴょうほうじ》二〈七五八〉年十二月戊申《ぼしん》条)ことからすると、安禄山のもとにいた「商胡」の足跡が渤海にまでおよんでいた可能性は十分に考えられるのである。こうしたソグド商人の仲介により、渤海に多量の文物が流入し、それがやがて日本にもたらされたのである。

　もちろん唐・渤海貿易に活躍したのはソグド商人だけでなく、渤海人自身も唐貿易を行っており、『入唐求法巡礼行記』開成四(八三九)年八月十三日条には「渤海の交関船」が山東半島に停泊していることを伝えており、さらに最近では唐貿易に活躍した渤海商人の存在を示す史料も紹介されている(『金液還丹百問訣《きんえきかんたんひゃくもんけつ》』)。そして円珍と交流のあった商人に「渤海国商主李延孝・呉英覚」らがおり、唐・日本貿易に活躍している(円珍「乞台州公験状《たいしゅうくげんをこふのじょう》」)。

　渤海使のもたらすおもな貿易品は、貂《てん》▲や虎などの毛皮類・人参・蜂蜜など自然産品が多くを占める。なかでも貂の裘《かわごろも》は貴重品で、参議《さんぎ》以上の者だけに着用が許された(『延喜式《えんぎしき》』)。このほか工芸品や仏典・仏具なども伝えられている。

▼**貂**　イタチ科の哺乳類。毛皮が珍重され、古来北方民族の中国との主要交易品で、渤海の唐への朝貢品としてもみえる。最初の渤海王から天皇への贈り物リストには貂の毛皮三〇〇張が含まれており、以後重要な交易品となっている。十世紀初めの辞書『倭名類《わみょうるい》聚抄《じゅうしょう》』には「貂」「黒貂」の項目が立てられており、「黒貂」はとくに高級品で、「布流岐《ふるき》」と呼ばれていた。『源氏《げんじ》物語』末摘花《すえつむはな》や『宇津保《うつほ》物語』に「ふるきの裘」がみえる。

それらは渤海の特産品だけでなく、南海産の「玳瑁《たいまい》の杯」▲など明らかに唐との交流によって得た品も含まれている。最近のロシアの考古学調査によれば、渤海領内で唐の陶磁器▲の出土が報告されている。また契丹《きったん》の狗《いぬ》などステップルートに活躍する遊牧民族との交流で得た西方の文物も含まれている。渤海から唐への献上品には瑪瑙《めのう》製品などもみられるので、新羅商人同様、バラエティに富んだ品がもたらされたと考えてよいであろう。日本からは絁《あしぎぬ》・絹・糸・綿などを持ち帰っているが、渤海使に「黄金・水銀・金漆・漆・海石榴《つばき》油・水精《すいしょう》念珠・檳榔《びんろう》扇」などが贈られている例があるので（『続日本紀』宝亀八〈七七七〉年五月癸酉条）、このような品も取引の対象となっていたのかも知れない。

国境を超えて

このような新羅商人、渤海使節に加えて、さらに唐商人も本格的に日本貿易に参入し、国際貿易は一層の隆盛を迎えることになる。唐商人のなかには八五〇年ごろに活躍した徐公直《じょこうちょく》▲のように、「衙前散将《がぜんさんしょう》」という当時の唐国内の地方政権ともいえる節度使の属官の肩書きをもつ人物もいる。徐公直自身は来日せず、

▼**玳瑁**　南海に生息する海亀。背甲が鼈甲《べっこう》の材料として珍重される。日本ではおもに帯具として用いられ、初めは三位以上に限定されていたが、のち五位以上にも許された。

▼**ロシアにおける唐の陶磁器**　河北《かほく》省の定窯《ていよう》、浙江《せっこう》省の越窯《えつよう》などの製品の遺物が出土している。

▼**徐公直・公祐**　この兄弟については、円珍が唐でたいへん世話になったことが、日記『行歴抄《ぎょうれきしょう》』などに記されている。たとえば、円珍が長安に向けて上京の途中、蘇州で病気にかかったときには徐公直の家に滞在し、献身的な看護を受けている。

貿易の実務は弟の公祐《こうゆう》が担当しており、資本家のような立場であったが、当時の節度使は商人に名目的な官職をあたえて諸方に派遣して貿易を行わせ、その利益を経済的な基盤としていたことが知られるので（『資治通鑑』会昌三〈八四三〉年四月辛未《しんび》条）、まさに日本はそうした唐国内市場の延長上に位置づけられるにいたったのである。ちなみに徐公直は自分の子どもを日本在住の唐僧義空《ぎくう》▲のもとにあずけて修行させるほど、日本と深い関わりをもっている。

こうして九世紀も半ばになると、唐商人・新羅商人・渤海使そして渤海商人など多彩な顔ぶれが日本貿易に活躍している。ただし同一人物が時に唐商人、新羅商人、時に渤海商人と記されている例があるので、それらの唐・新羅・渤海とは果たして彼らの帰属する国家を意味するのか、あるいは主たる貿易従事国を示すのか判然としない部分がある。もともと境界領域の人びとにとって、海の上の国境の意識はそれほどなかったであろうが、この時代にはまさにグローバル化が一層進展し、国境を超えて移動し活躍する商人の時代が訪れたのである。

新羅人に対する警戒意識が顕在化してきた時期の八四二（承和九）年に大宰府

▼**義空**　嵯峨《さが》皇后橘嘉智子《かちこ》の意を受けた入唐日本僧恵蕚《えがく》の要請により、八四七（承和十四）年ころに来日した。はじめ東寺の西院に住し、のち橘嘉智子が建立した檀林寺に移り、禅法を講じた。日本滞在およそ一〇年にして唐に帰国したという。『高野雑筆集《こうやざっぴつしゅう》』写本に付収された義空宛唐人書簡は八世紀半ばの日唐関係史料として貴重（高木訷元氏『空海思想の書誌的研究』法蔵館・一九九〇年、参照）。

●──**円珍の２通の渡航証明書**　円珍は入唐にあたり大宰府(鎮西府)から，まず①の公験(証明書)を発給され，その５カ月後にあらためて②を得ている。福州到着後は②を提出し，次ページ下の③福州公験を得て求法の旅をスタートさせた。②③は貼り継がれている。円珍が２通の渡航証明書を得ているのは，①はあまりにも簡略で，正式の文書としては通用しないことを知り，あらためて唐で通用する書式の②を申請したものと思われる。渡航を目前に控えて書類を確認した乗船予定の唐商人のアドバイスによるものかも知れない。

①「円珍大宰府公験」仁寿３(853)年２月11日

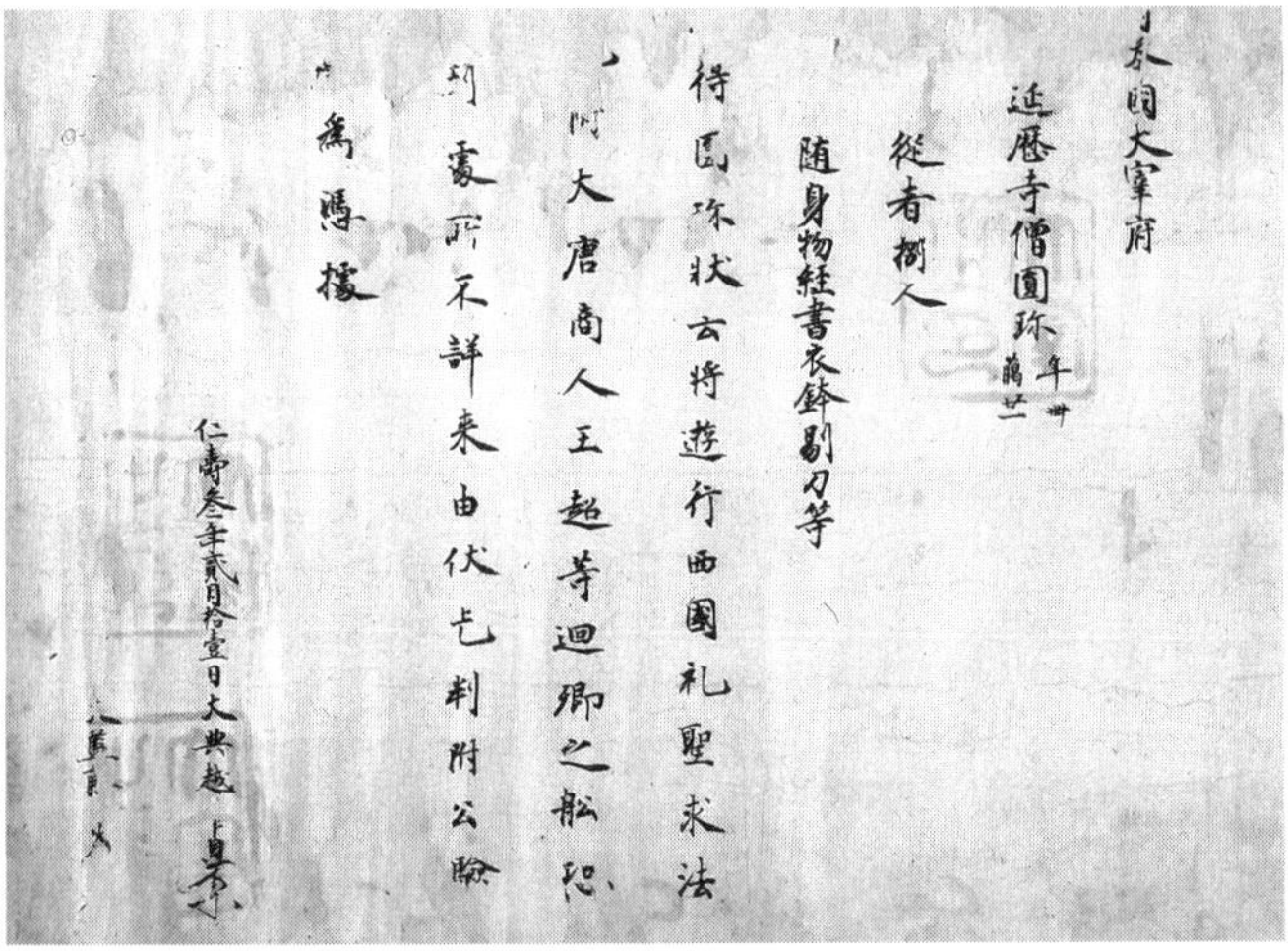
日本国大宰府
延暦寺僧圓珍年卌 臈廿一
従者捌人
随身物経書衣鉢剔刀等
得圓珍状云将遊行西国礼聖求法
附大唐商人王超等迴郷之船恐
到處所不詳来由伏乞判附公験
為憑據
仁寿参年貳月拾壹日 大典越 貞厚

②「円珍鎮西府公験」仁寿３年７月１日

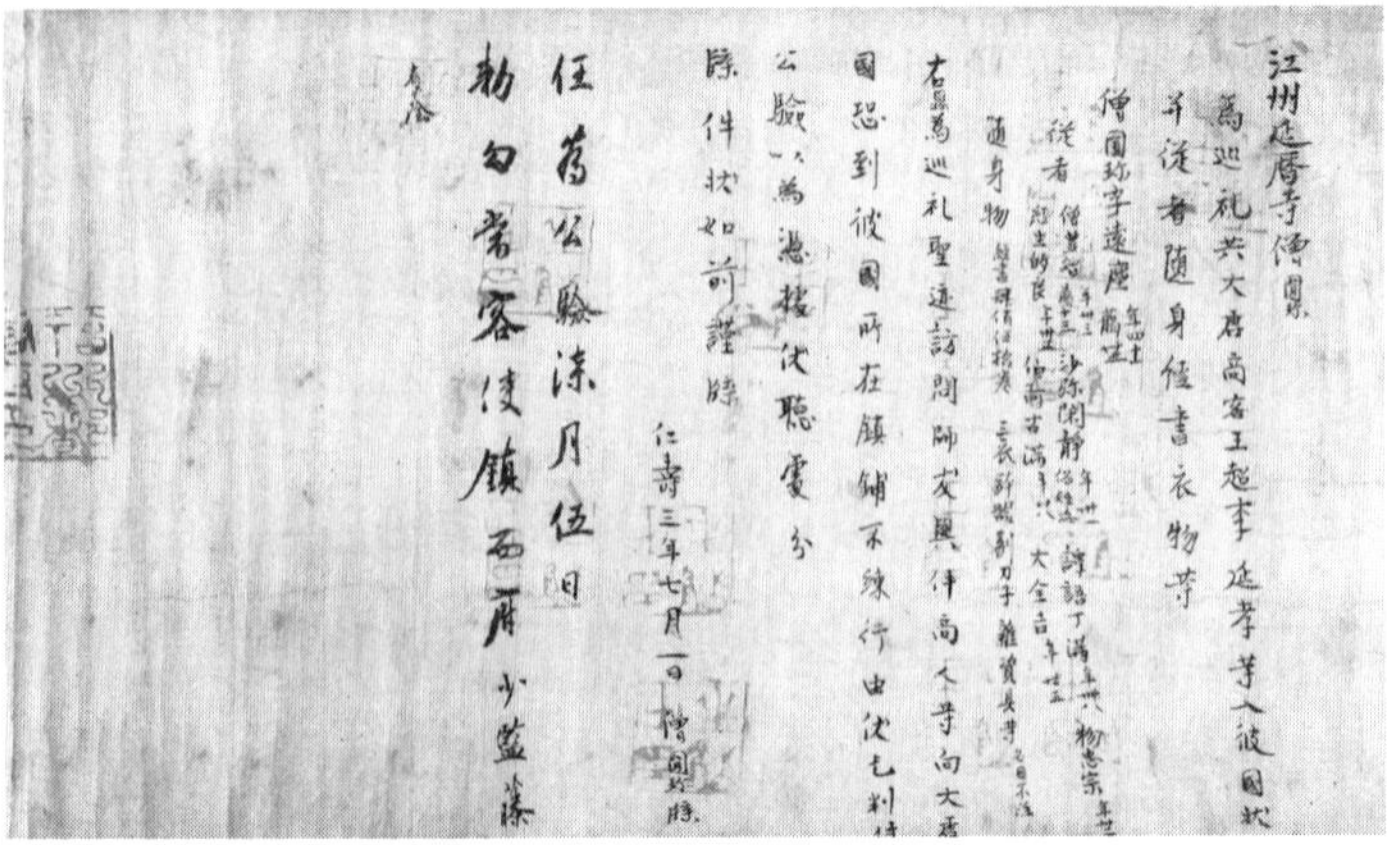
江州延暦寺僧圓珍
為巡礼共大唐商客王超李延孝等入彼国状
并従者随身経書衣物等
僧圓珍字遠塵 年卌 臈廿
右圓珍為巡礼聖迹訪問師友与件商人等向大唐
国恐到彼国所在鎮鋪不練行由伏乞判付
公験以為憑據伏聴處分
牒件状如前謹牒
仁寿三年七月一日 僧圓珍牒
任為公験 十五日
勅句当客使鎮西府少監藤

●—円珍宛唐人書簡

「徐直(徐公直)尺牘《せきとく》」年月日未詳

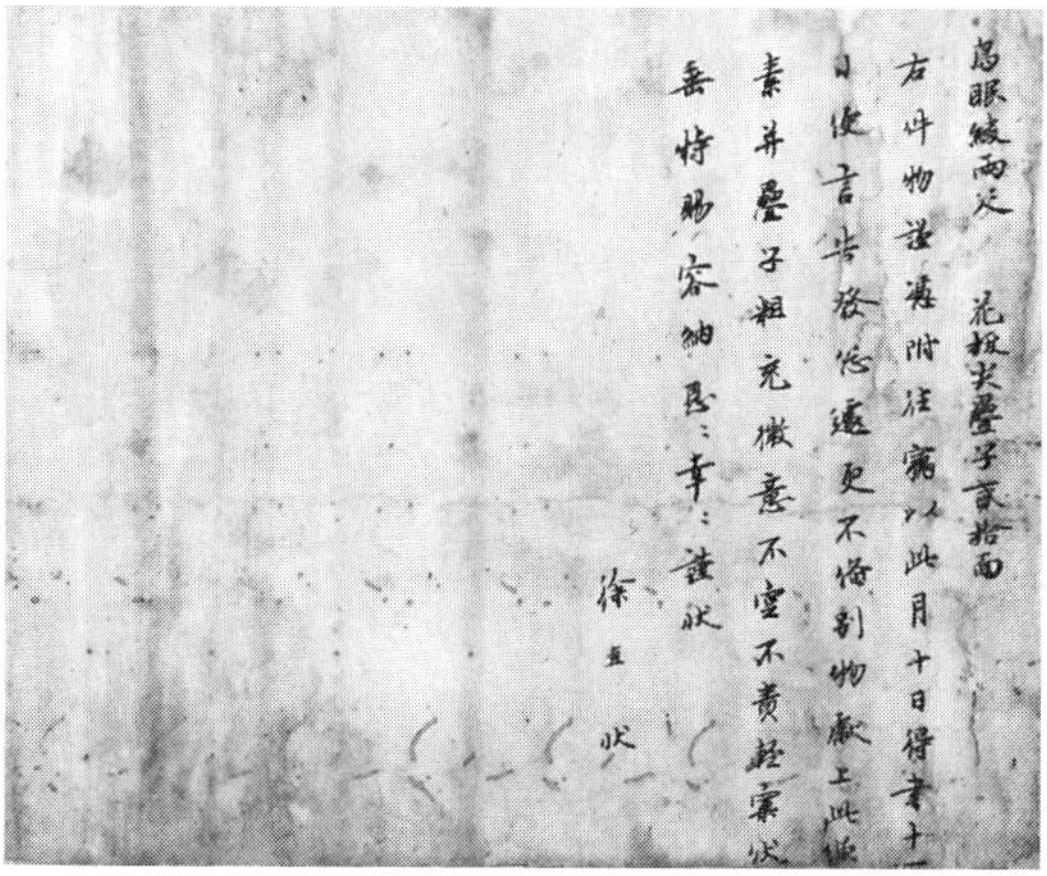

「陳季方尺牘」貞観五(八六三)年九月一日

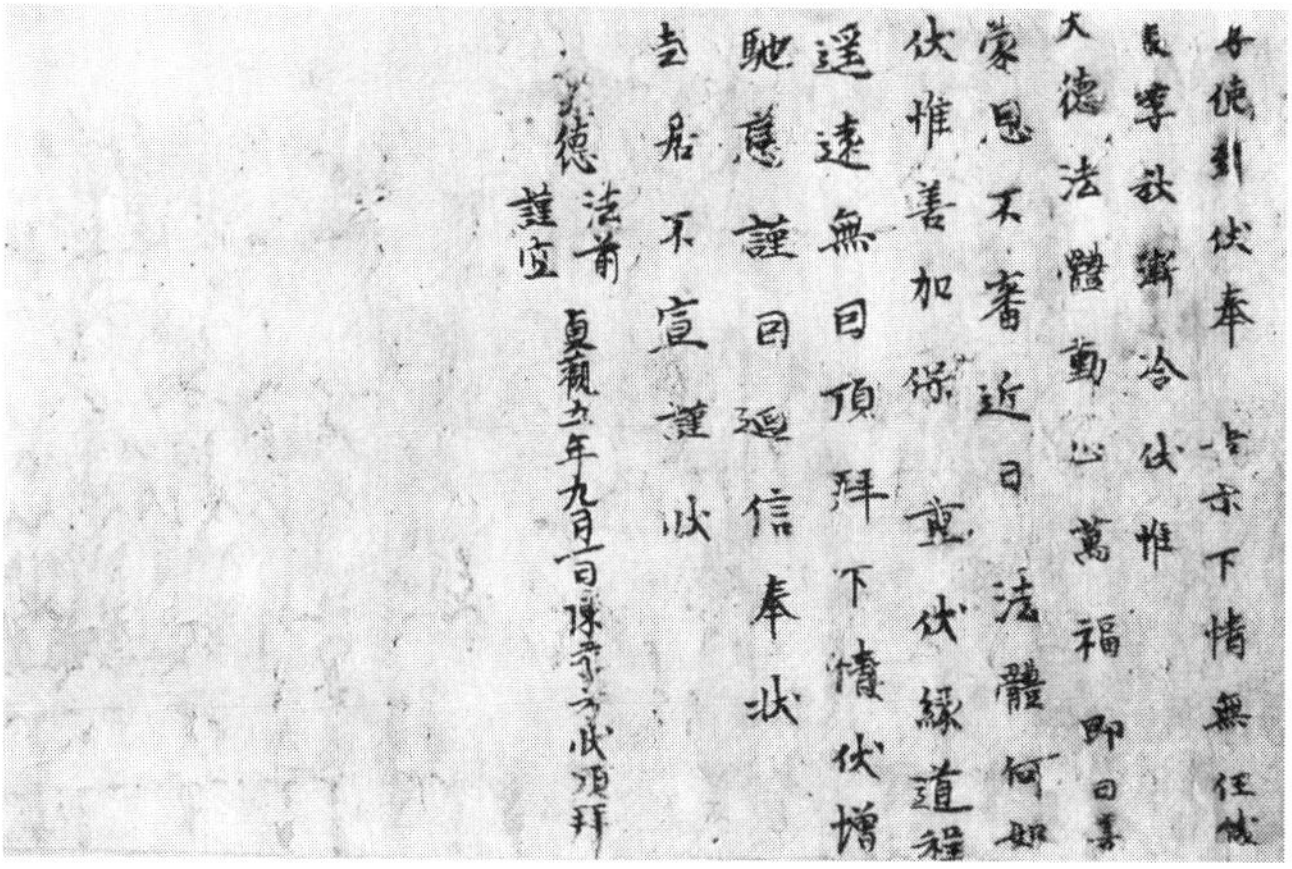

③「円珍福州都督府公験」大中 7 (853) 年 9 月日

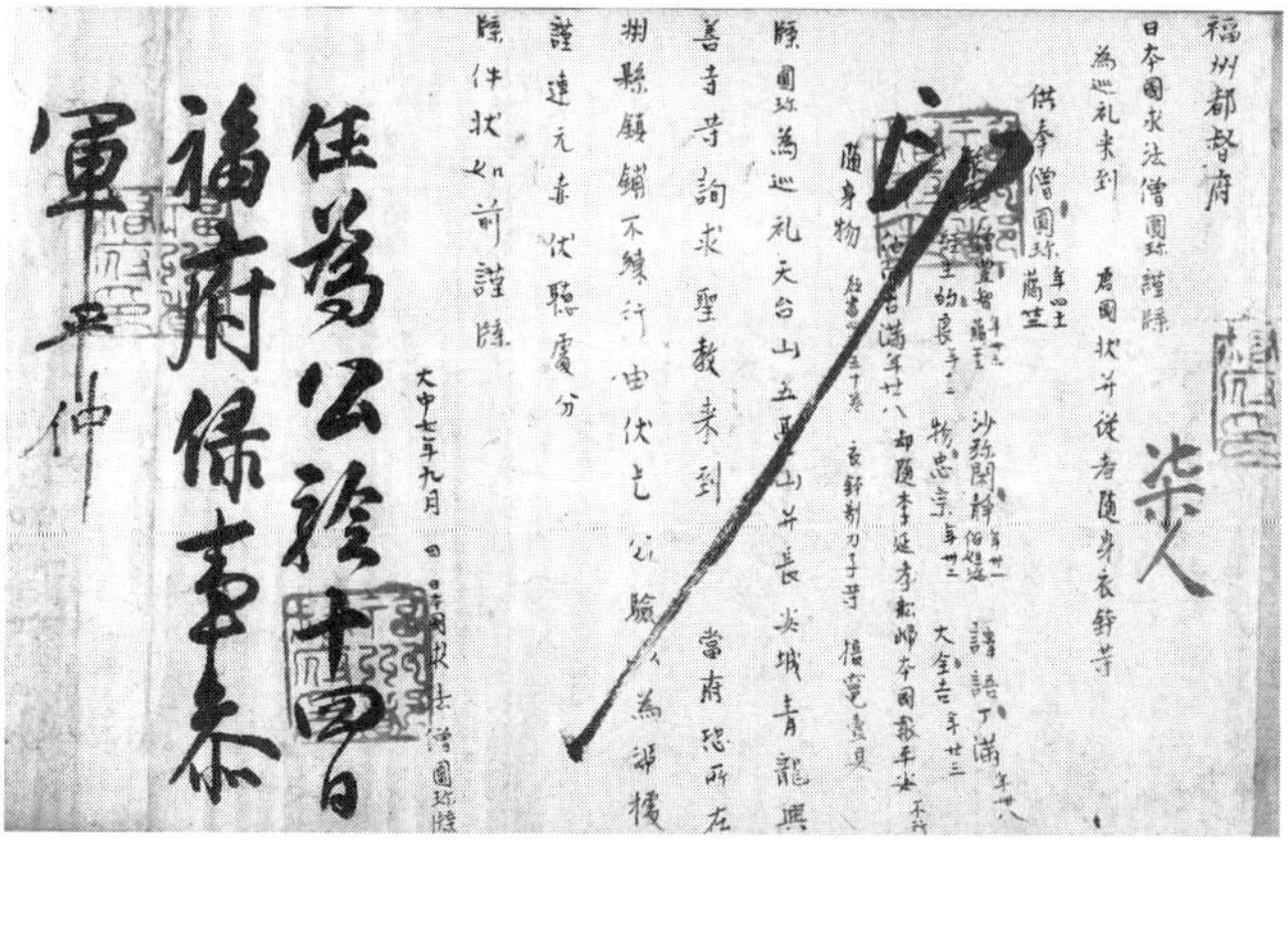

から、「新羅人は商売に事寄せて、日本の情勢をうかがっている。そこで一切入国させないようにして欲しい」との要請があった。それに対して朝廷は、「新羅人の入国を一切禁止してしまうのは徳治に背くことである。そこでとりあえず入国は認めよう。ただし移住は認めずに大宰府から帰国させる。もし貿易を希望するものがあれば取引させたうえで、放還させるようにせよ」と指示している（『類聚三代格』承和九年八月十五日太政官符）。これまで新羅人の帰化（移住）を認めていた方針に対する大きな変更であるが、この指示に対する疑問は、どうせ移住を認めないのであれば、大宰府の要求のように、初めから国境の対馬で食料を支給するなどして帰国させる措置をとればよいように思われる。それを「専ら入境を禁ずるは、事不仁《ふじん》に似たり」との理由をつけて、とりあえず大宰府までは来させようという理由はなんであろうか。それは貿易以外には考えられない。対馬からすべてを追い返してしまっては商人の船も含まれてしまう恐れがあるからである。来日新羅人が「事を商賈《しょうこ》に寄せ、国の消息をうかがう」というのが大宰府の要請の根本にある問題である。その危惧を意に介さない京都在住の公卿の危機意識の欠如が明確に読みとれる。平安京の支配層はなんとしても新羅人との貿易を閉ざしたくなかったのである。

日本にとってももはや彼ら外国商人はなくてはならない存在となっていった。それは「物」だけでなく、日本「人」の往来にも不可欠のものとなった。遣唐使が派遣されなくなってからは、唐への求法や巡礼を求める僧侶は彼らの便船を利用して往来するのが唯一の方法となったのである。八四一（承和八）年入唐の恵《え》蕚《がく》▲はその最初の例であり、円珍《えんちん》▲は帰国後も唐僧宛の書状を託すなど商人と親交を深めている。八七四（貞観十六）年には、朝廷が香料を求めるために数名からなる使者を唐に派遣しているが（『日本三代実録』同年六月十七日条）、往復ともに商船を利用している。

年期制

海外貿易が隆盛を迎える十世紀冒頭の醍醐《だいご》朝では、律令体制の再建に意欲を示す一方、地方での現実を直視した政策が実施に移されているが、この時期にはまた対外関係にかかわる重要な法令がだされ、制度が定められている。

まず九〇三（延喜《えんぎ》三）年八月一日付の太政官符では、「大宰府管内に唐人の商船

▼**恵蕚**　八四一（承和八）年に入唐し、嵯峨天皇の皇后橘嘉智子の依頼により五台山に参詣し、宝《ほう》幡《ばん》・鏡筥《かがみばこ》などを施入した。以後日唐間を往来し、唐僧義空の招聘に尽力したり、八六二（貞観四）年の真如《しんにょ》の入唐にも同行している。この間、編纂されたばかりの『白氏《はくし》文集《もんじゅう》』を書写して日本に伝えたことも有名。

▼**円珍**　八一四〜八九一年。讃岐《さぬき》国出身の天台僧。八五三（仁寿《にんじゅ》三）年に入唐。天台山巡礼ののち、長安で青龍寺《せいりゅうじ》法全《はっせん》から密教《みっきょう》を学び、伝法《でんぽう》阿闍梨位を受け、八五八（天安《てんあん》二）年に帰国。八六八（貞観十）年には第五世天台座主となる。園城寺《おんじょうじ》を拠点に活動し、のち円仁の山門《さんもん》派に対し、寺門《じもん》派と称される。入唐旅行中に得た文書類は唐代の文書原本として貴重。

が来着したとき、朝廷の貿易担当官が到着する前に、京都の院宮《いんぐう》王臣家などの使者や大宰府の富豪の輩《ともがら》が勝手に貿易を行っている。これはひとえに大宰府官人が適正に管理しないからである」と戒めている。そこではわざわざ官司先買の原則を示す律令条文の本文を引用している。前年にはすでに廃絶して久しい班田収授《はんでんしゅうじゅ》の励行を指示したり、律令法の建てなおしを意図する政策が打ち出されているので、この指令もその一環に位置づけることができる。

そして九一一(延喜十一)年には、日本に来航する商人を対象とする「年期」と呼ばれる制度が設けられたことが知られる。詳しい内容は不明であるが、商人が一定の期間(一〜三年)をあけて来航すべきことを定めたもので、年期に違反した場合は安置《あんち》(滞在)を認めず、廻却《かいきゃく》(帰国)させるとされている。制定の事情について、いくつかの見解があり、商人の頻繁な来航によって貿易額が増大し、この時期の主要対価となった金▲の流出など財政上の問題が起こることを懸念してとられた政策とみたり、頻繁な来航を治安上の問題から制限したとする理解などがある。しかし注意しなければならないのは、同一の商人が連年来航することを制限したもので、商人全体の来航を制限したものではないことである。

▼**金**　交易の代価としてはじめは主に綿が用いられていたが、次第に保存のきかない綿に代わって金が用いられるようになる。八七七(元慶元)年には大宰府の倉庫に保管する綿一一五二屯を「腐損」を避けて砂金五七二両に代え、交易に備えさせている(『日本三代実録』同年十二月八日条)。

たとえば九一一年に来航した商人甲が翌年ないし翌々年に来航すると廻却の措置を受ける。しかし別の商人乙が九一二年に来航することはなんら問題がなく、安置を許されたのである。

ここで参考になるのは、公使とはいえ、「商旅」と評された渤海使に対する年期制である。貿易をおもな目的に頻繁に来航するようになった渤海使に対して、八二四(天長元)年に最終的に一二年に一度の来航とすることが定められた。そのときの太政官符に、上下関係にあるものにおいては、年期や礼数《れいすう》(身分相応の礼儀や待遇)があるべきであると述べており、管理・統制の意識が強く働いていることである。九一一年の商人を対象とした年期制もこのような管理・統制の意識から制定されたものとみられ、朝廷が積極的に貿易に取り組み、来航商人を把握し、国家管理のもとに集中させようとする姿勢を示したものと評価することができる。来日商人の滞在を認める際に「帰化に準じて安置する」といった表現がとられており、民間の商人を対象とする年期制にあっても、律令法の理念に基づき、華夷秩序《かいちつじょ》の遵守を求める姿勢をうかがうことができる。

なお、時期はくだるが、一〇一九(寛仁《かんにん》三)年の刀伊入寇のときに「渡海の制」、一〇八二(永保《えいほ》二)年に僧戒覚《かいかく》が朝廷の許可をえずに入宋したときに「府制」といった言葉がみられ、日本人の海外への渡航になんらかの規制を加える法の存在が知られる。律の条文をさすとする意見もあるが、これらは九一一年の年期制にかかわるもので、年期制は外国商人の来航だけでなく、日本人の渡航についても制限する出入国管理令のようなものではなかったかと推測される。

平安時代の貿易方法

商人の活躍する時代になっても基本的には律令の官司先買の原則は変わることはない。ただ律令条文が「蕃客」との交易を基本的に京師《けいし》で行うことを想定していたのに対し、このころには大宰府鴻臚館で行われるのが原則であった。そのため唐物使《からもののつかい》と呼ばれる貿易担当官人が現地に派遣された。十世紀前半の成立という『新儀式《しんぎしき》』▲大唐商客事《だいとうしょうきゃくのこと》には、「大宰府から商人到着の報告があれば、貨物を調べ貿易事務を担当するために蔵人《くろうど》一人・出納《すいとう》一人を遣わす。ただし使者を派遣しない場合は大宰府官人に委任する」云々と記されている。この勅使が唐物使であるが、やがて派遣されずに大宰府に委任する機会が多くなり、朝

▼**『新儀式』**　九六三(応和《おうわ》三)年以降に成立した儀式書。現存は巻四・五(臨時上・下)の二巻。巻五に「大唐商客事」がみえる。

廷から必要とする品物のリストを送り、それに基づいて貿易実務を行わせることが一般的になっていた。そしてそれとともに大宰府官人と商人との結託による不正行為も増加して、しばしば問題を起こすことになる。

年期制定ののちは来日商人の滞在許可・不許可はこの年期の条件を満たしているか否かによって判断されるのが原則となる。しかし、ここでも支配層の本音と建て前が顕著にあらわれている。商人来着が報じられると、平安時代の政策決定の場である陣定《じんのさだめ》▲において安置・廻却を審議するが、たとえ年期に違反しているとして廻却に決定しても、風待ちのために長期滞在することになり、その間貿易が行われるので、結果として安置と異ならないことを当時の人びとも認めている。たとえば一〇〇五(寛弘《かんこう》二)年に一年をあけただけで来日した宋商人曽令文《そうれいぶん》の処遇を議した際にも、本来であれば廻却とすべきところ、当時の最高権力者左大臣藤原道長▲の意向で、同様の理由に基づいて安置に決定したことがある。この時の陣定に参加した公卿の一人藤原実資《さねすけ》は、「最近内裏《だいり》が焼亡して唐物《からもの》が失われてしまった。だから年期違反ではあっても安置し、しかるべき品物を選んで交易することには問題がないだろう」との公卿たちの話を日記(『小《しょう》

▼**陣定**　内裏の左近衛の陣座で行われた公卿による会議。平安時代におけるもっとも重要な審議の場で、下位の者から順に意見を述べ、その結論を定文に記し天皇に奏上した。

▼**藤原道長**　一〇〇三(長保《ちょうほ》五)年に入宋した寂照《じゃくしょう》と書簡を往復させ、五台山に施入する品々を送っている。

右記《ゆうき》』同年八月二十一日条）に記している。

一方、宋商人側もよくこのあたりの事情を心得ており、年期違反は承知であるが、敢えて「日本の徳を慕って来日した」と称し、公卿たちもそれならば安置を認めようといった形で対応している例も多い。舶来品を前にして、制度を守り、管理の原則を貫くのはもはや困難な状況にあったのである。

十一世紀中ごろに成立した藤原明衡《あきひら》著『新猿楽記《しんさるがくき》』▲には、東は俘囚《ふしゅう》の地（蝦夷《えぞ》地方）から西は貴賀嶋（鬼界嶋《きかいがしま》）まで、商売に渡り歩いた商人の主領八郎真人が紹介されている。彼が扱った唐物として「沈《じん》・麝香《じゃこう》」以下実に四五種▲にものぼる品目が掲げられている。

▼**『新猿楽記』**　このころ都で流行していた猿楽の見物人右衛門尉一家およそ三〇人の職業や生活の様子を叙述している。

▼**唐物四五種**　香料・薬材・顔料・豹や虎の毛皮・茶垸・犀《さい》角・水牛角製品・瑪瑙《めのう》帯・瑠璃《るり》壺・絹織物その他、多岐にわたっている。

③海外情報と日本

「物」としての海外情報

つぎに国や地域を超えて移動する人にともなってもたらされる無形の「物」としての海外情報について考えてみたい。

国内外情報の収集・分析・対応、そして機密情報漏洩《ろうえい》防止などの情報管理は国家の存亡に深くかかわる、まさに危機管理の基本であり、国内支配体制の維持・発展に寄与し、国際関係を自国に有利に展開するためにも適切な運営が求められた。現代の情報社会における課題は、氾濫する情報をいかに整理し、有用・無用を見極めるかにあるが、前近代のとくに古代にあっては、どの国でもその逆で、数少ない情報をいかにして入手するか、あらゆる機会を通じて収集につとめている。とりわけ覇権をめぐる激しい争いが行われた中国・朝鮮では、情報合戦が展開されたのであり、海を隔てた日本も無縁ではなかった。

▼高宗　唐第三代皇帝。在位六四九〜六八三年。晩年は皇后則天武后に実権を奪われた。

情報の収集と管理の実例

日本の遣唐使《けんとうし》に関連しては、つぎのような出来事がある。六五九（斉明《さいめい》五）年に入唐《にっとう》した遣唐使は、二隻のうち大使の乗る一隻は途中で遭難したが、副使は無事に唐に到着し、洛陽《らくよう》で皇帝高宗《こうそう》▲に謁見《えっけん》することができた。あとは帰途につくだけという一行に、思いがけない勅命が伝えられた。唐には来年「海東《わたのひむがし》の政《まつりごと》」つまり百済《くだら》遠征計画があるので、日本使を帰国させるわけにはいかないとのことで、幽閉され、外出もままならない状況におかれたのである。翌年七月、百済王が降伏して百済は滅亡し、唐の軍事行動が終りを告げたところで、九月にようやく遣唐使一行は幽閉を解かれ、労をねぎらわれて洛陽から帰途についている（『日本書紀《にほんしょき》』斉明五年七月戊寅《ぼいん》条、同六〈六六〇〉年七月乙卯《いつぼう》条）。唐はただ百済遠征の計画がもれることを恐れただけでなく、歴史的に日本が百済と親しいことを十分に認識したうえでの措置である。もともと外交使節には派遣先の情勢偵察という役割が課せられていることを考えると、唐の措置は情報管理の最たる例であろう。なお後日譚に属するが、百済救援の役《えき》に出征して唐軍の捕虜となり抑留されていた大伴部博麻《おおともべのはかま》ら四人が、六六四（天智《てんじ》三）年に唐の計画

（内容は不明であるが、日本遠征計画ともみられている）を知り、博麻が身を売って費用を調達して仲間を帰国させ、日本にその情報を伝えたこともあった（『日本書紀』持統《じとう》四〈六九〇〉年十月乙丑《いっちゅう》条）。

情報の収集・管理という面では、つねに国家の存亡をかけた戦いの日々を送っていた朝鮮諸国では、今日でいうスパイ（間諜《かんちょう》）を派遣しての諜報《ちょうほう》活動が盛んに行われていた。なかでも新羅《しらぎ》の間諜の活発な活動が知られ、日本にも送り込まれてきた記録が残されている。六〇一（推古《すいこ》九）年のことで、対馬《つしま》で捕えられ、上野《こうずけ》国に配流されている（『日本書紀』同年九月戊子《ぼし》条）。新羅といえば、つぎのような事例も興味深い。大宝律令《たいほうりつりょう》完成直後の七〇二（大宝二）年に派遣された遣唐大使粟田真人《あわたのまひと》の帰国報告に、唐に到着して現地の人と会話した内容がみえる（『続日本紀《しょくにほんぎ》』慶雲《けいうん》元〈七〇四〉年七月甲申朔《こうしんのついたち》条）。そのなかで到着場所を唐人にたずねたところ「大周楚州塩城県界《だいしゅうそしゅうえんじょうけんかい》」と答えた。唐であるはずが周と答えたので不審に思い、その事情をたずねたところ、則天武后《そくてんぶこう》▲が即位して国を周と改称したと知らされたのである。いわゆる武周革命《ぶしゅうかくめい》は六九〇年九月のことである。粟田真人らは六六九（天智八）年以来の遣唐使であるので、唐から周への改称の

▼**則天武后**　第三代皇帝高宗の皇后。六八三年の高宗の死後、子の第四代中《ちゅう》宗・第五代睿《えい》宗をあいついで廃立し、六九〇年にはみずから即位して国号を周と改めた（武周革命）。武后の存在は日本の光明《こうみょう》皇后や孝謙（称徳）《こうけんしょうとく》天皇らの女性に大きな影響をあたえ、国分《こくぶん》寺《じ》の造立や四字年号の使用などは則天武后の模倣とみられている。また武后が制定した「圀」などの則天文字は、すぐに日本でも写経などに用いられている。

情報は日本へは伝わっておらず、真人は知らなかったのである。しかしこの約三〇年におよぶ遣唐使の空白期間に、盛んに新羅へは使者を派遣しており、周改称以降でも新羅から五回、日本からも三回使者が往復している。一方、周・新羅間には直接交渉があり、当然新羅には早くに改称のことは伝えられていた。ところがこの間の新羅交渉を通じては、日本に改称のことが伝えられた形跡は一切ないのである。このことについて、武周革命という唐の混乱を日本が知ることによって、新羅になんらかの不利な状況(たとえば軍事的な侵攻)が起こるのを未然に防ぐための新羅側の情報コントロールがあったのではないかとの意見がある(坂上康俊氏)。

さすがに情報社会できたえられた新羅らしい対応である。また七三二(天平《てんぴょう》四)年に来日した新羅使が「来朝の年期」つまり日本への使者派遣の間隔を定めるよう求め、日本が三年に一度と回答した出来事がある(『続日本紀』同年五月庚《こう》申《しん》・壬戌《じんじゅつ》条)。これをこののち明確になる新羅の日本離れの前兆とする見方もあるが、定期的な対日外交の確保が主たる目的であったと理解される。その背景には、六九八年に新羅の北方に建国され、七一二年には唐から冊封《さくほう》された渤《ぼっ》海《かい》の存在があるにちがいない。渤海は四方に勢力を伸ばし、七二七（神亀《じんき》四）年には日本に使者を派遣し国交を結んでいる。新羅の来朝年期の奏請《そうせい》は、日本・渤海関係の推移を見守るための布石とみるべきであり、新羅の新興国渤海の動向に関する情報収集の成果でもあるとみなされよう。

律令国家と海外情報

四方を海に囲まれた日本ではあっても、つねに海外情報には深い関心をいだいていた。情報にも、さまざまな種類があり、統治技術・科学技術などの技術情報もあれば、政治・社会情勢にかかわる情報もある。律令国家は、海外情報を収集するだけでなく、国内の情報が国外にもれることを防ぐ情報管理についても十分に配慮した対策を律令条文に定めている。

まず、公式令《くしきりょう》▲遠方殊俗《えんぽうしゅぞく》条に「海外から渡来した人がいれば、在地の役人が図を描き、詳しく本国の名称・出身地などをたずね、中央に報告せよ」とあり、海外からやってきた人がいれば、必ず情報を収集するシステムがとられていた。七九九（延暦《えんりゃく》十八）年に三河《みかわ》国に漂着した天竺《てんじく》（インド）人について、「布で背中を

▼**公式令**　大宝・養老令の編目の一つ。公文書の書式や作成手続きをはじめ、文書行政に関する条文をおさめる。

覆い、犢鼻《とくび》(ふんどし)姿で袴《はかま》を着用せず、左肩に袈裟《けさ》に似た紺の布をまとっている。年齢は二〇歳くらいで、身長は五尺五分、耳の長さは三寸余」云々と特徴がかなり詳しく記されている(『日本後紀《にほんこうき》』同年七月是月条)。遠方殊俗条の規定が適用された例とみてよいであろう。なおこの天竺人がもっていた綿の種を、朝廷では栽培方法をそえて紀伊《きい》国などに植えさせている。また本条については、最初に情報の収集を担当する役人について、もともと在京の玄蕃寮《げんば》▲が担当するとされていたのが、天平ごろには国司《こくし》に改められたことが知られる。この変更には、七二七(神亀四)年に出羽《でわ》に来着した渤海使のケースが影響をあたえていると思われる。それまで外国との折衝にあたる官司として、大宰府《だざいふ》を中心に、中国や朝鮮半島を想定した対馬《つしま》・壱岐《いき》、南島▲を想定した大隅《おおすみ》・薩摩《さつま》・日向《ひゅうが》などの諸国司(職員令《しきいんりょう》▲大宰府条・大国《たいこく》条参照)と、もっぱら外国との接触を九州地方と想定していた律令国家が、それ以外の地域でも外国と接し、海外情報を扱う機会がでてきたことを認識するようになったことを示している。

つぎに情報の管理という点では、来日した蕃人《ばんじん》(外国人)との接触を制限する条文が定められている。公式令駅使至京《えきししきょう》条に、「帰化した蕃人はまず館《たち》に滞在

▼**玄蕃寮**　僧尼と対外事務を管掌する律令制官司の一つ。治部《じぶ》省の被官。玄は黒で僧侶、蕃は外蕃で外国を意味する。

▼**南島**　今日の種子島・屋久島から奄美・琉球諸島までの総称として用いられている。『続日本紀』文武三(六九九)年七月辛亥条に「多褹(種子島)・夜久(屋久島)・菴美(奄美)・度感(徳之島か)等の人……来たり、方物を貢す」とあるように化外にあって朝貢する存在とされていた。律令国家は南島経営を進め、七〇二(大宝二)年には多褹・夜久を多褹島に編成しているが、それより以南の島々は化内に組み込まれるにはいたらなかったとみられている。

▼**職員令**　養老令の編目。大宝令では官員令。二官八省以下の官司の職員構成・定数・職掌などを定めた条文をおさめる。

させ、みだりに外出させてはならない」と、定められた場所から勝手に動き回ることを認めなかった。のちの『延喜式《えんぎしき》』▲では、「諸蕃の使人が入京する際には、道中で勝手に接触したり、蕃使に人と会話させてはならない。道中の国・郡司も用がなければむやみに蕃使に会ってはならない」と、蕃使・蕃人との接触の制限がさらに徹底されている。

また来日した外国使節と日本在住の同朋との接触を禁止する条文もある。「蕃使が往復に利用する道路の近くに同国人をおいたり、同国出身の奴婢《ぬひ》を住まわせてはならない」(雑令《ぞうりょう》蕃使往還条)とし、例として新羅使の往復ルート上に同国の渡来人や奴婢を配置しないことをあげている。

海外情報源

海外情報の伝来にはいろいろなケースが考えられる。まず外交ルートがなによりも精度が高い情報を手にいれる機会となり、それ以外では民間人、なかでも商人による情報が注目される。情報は富につながり、商人が富に結びつく最新の情報を得ることに熱心であることは古今東西共通している。とくに核心に

▼『延喜式』　律令格の施行細則である式を官司ごとに分類集成した法典。全五〇巻。九二七(延長《えんちょう》五)年に完成し、九六七(康保《こうほ》四)年に施行された。

迫る情報であればあるほど重視され、商品価値を高めることはいうまでもないであろう。

　遣唐使をはじめとする外国に派遣された公使は帰国するごとに詳しい報告を求められた。遣唐使の例として、粟田真人の唐人との問答についての報告、大《おお》伴《ともの》古麻呂《こまろ》の席次争いの報告などを紹介したが、六五九（斉明五）年入唐の斉明度遣唐使に関する『日本書紀』の記述は、もっぱら随行した伊吉博徳《いきのはかとこ》▲の記録に基づいている。日次記《ひなみき》の体裁をとっているが、帰国後の復命書とみられている。そして時期がくだって宝亀《ほうき》度・延暦度遣唐使になるとさらに唐の情報が詳しく掲載されている。まず往復の詳しい経路、唐での行動などを記したのち、「唐の消息」として唐の最新情報を報告している。なかでももっとも詳しいのは八〇五（延暦二十四）年に帰国した遣唐大使藤原葛野麻呂《ふじわらのかどのまろ》の報告である（『日本後紀』同年六月乙巳《いっし》条）。皇帝順宗《じゅんそう》▲の諱《いみな》・年齢・子女、皇太子や皇太后、年号のことなどを述べ、ついで山東《さんとう》半島周辺で起きている節度使《せつどし》の反乱事件、そして吐蕃《とばん》とのあいだの公主《こうしゅ》▲降嫁をめぐる交渉が決裂して京師《けいし》が騒動していることなどを記している。その内容は正確で中国史料にもみられない記述があり、今日では貴

▼**伊吉博徳**　こののち、百済・新羅にも派遣され、また大宝律令の撰定に参加している。

▼**順宗**　第十代。在位八〇五年正月に即位し、この年八月には譲位した。

▼**公主**　本来皇帝の娘をいうが、吐蕃王などに降嫁させる和蕃公主には、皇帝とは遠縁の皇族から選ばれている。

重な史料となっている。

記録にとどめられている外国から伝えられた海外情報のなかでもっとも大きな衝撃を日本にあたえたのは、渤海から伝えられた安史《あんし》の乱▲の情報である。七五八(天平宝字《ほうじ》二)年九月に渤海から渤海の使者をともなって帰国した遣渤海使小野田守《おののたもり》によって、安禄山《あんろくざん》の挙兵から、本年四月の安東都護《あんとうとご》からの渤海への援軍要請にいたるまでの詳しい経過が報告され、「唐王の渤海国王に賜う勅書」までそえられていた(『続日本紀』天平宝字二年十二月戊申《ぼしん》条)。中国側史料にも残されていない貴重な記録である。この情報に接した日本の朝廷は、反乱軍が矛先を転じて東方日本にまで攻めてくるかも知れないとして、ただちに大宰府に命じて、その対策を講じさせている。この敏速な対応は、唐で起こっている事件をけっして対岸の火事といった見方をとっていなかったことを思わせる。

このあとあいついで来日した渤海使や渤海を経由して入唐した遣唐使から安史の乱の続報が伝えられたが、この渤海からの情報は大きな波紋を国内政治に投じた。七五九(天平宝字三)年六月、藤原仲麻呂《なかまろ》▲(恵美押勝《えみのおしかつ》)政権は新羅征討計画を公表するのである。日本の思惑は、唐の混乱を利用して、唐の強い庇護のも

▼**安史の乱**　七五五年の安禄山の挙兵に始まり、禄山の子慶緒《けいちょ》、部下の史思明《ししめい》、その子朝義《ちょうぎ》があいついで指揮をとったが、七六三年に鎮圧された。鎮圧には回紇《ウイグル》や吐蕃《チベット》の援軍が大きな力となった。唐はこののち、彼らに莫大な経費を払い続けることになり、唐衰退の大きな原因になった。

▼**藤原仲麻呂**　七〇六〜七六四年。南家武智麻呂《なんけむちまろ》の二男。光明皇后の信任を背景に昇進を続け、淳《じゅん》仁《にん》天皇の七五八(天平宝字二)年には大保《たいほ》(右大臣)、七六〇(同四)年には大師《たいし》(太政大臣)にまでのぼったが、道鏡を寵愛する孝謙《こうけん》上皇と隙を生じ、反乱を起こして敗死した。学問を好み、唐風化、儒教政策を進め、官職名を唐風に変えたり、祖先顕彰の意識も強く、『藤氏《とうし》家伝《かでん》』の編纂や藤原不比等《ふひと》が編纂にかかわった養老律令を施行するなどしている。

とにあった新羅に侵攻するというものであった。三年後の実行をめざして船舶の建造、武器の製作、節度使の任命など着々と準備が進められたが、結局実行されなかった(『続日本紀』天平宝字三年六月壬子《じんし》条〜同六〈七六二〉年十一月庚寅《こういん》・庚《こう》子《し》・壬寅《じんいん》条参照)。この計画は渤海との共同作戦であったとみられ、その渤海側の対唐外交への配慮▲、そして日本側推進者の藤原仲麻呂の権力の基盤が道鏡《どうきょう》の台頭によってゆらいできたことなどが中止の理由として考えられるが、当時の為政者、とくに政界の中心であった仲麻呂の国際感覚をうかがわせ、まさに日本が東アジアの一員であることを印象づける出来事である。

新羅征討計画の具体化には遣唐使の持ち帰った情報も大きな役割を果たしている。天平勝宝度の遣唐大使として入唐したまま帰国できないでいる藤原清《きよ》河《かわ》▲を迎えるため、七五九年に派遣された遣唐使高元度《こうげんど》らは、粛宗《しゅくそう》▲に謁見した際、戦乱により武器の多くが失われ、武器の材料となる牛角が不足しているため、日本から送ってほしいとの依頼を受けて七六一(天平宝字五)年に帰国した(『続日本紀』天平宝字五年十月辛酉《しんゆう》条)。日本政府もその依頼に応えるべく各地から牛角を集めたが、結局届けるための船が再三破損を重ねたため、遣唐使は中止と

▼渤海側の対唐外交への配慮
渤海王は、七六二(唐宝応元)年に「郡王」から「国王」へと昇格されている。このような対唐関係の円滑期を迎えているなか、唐との関係の深い新羅を攻撃することがいかに無謀であるかという現状分析が渤海側にあったものと推測される。

▼藤原清河　七一五?〜七七三年?。北家房前《ふささき》の四男。七五二(天平勝宝四)年、遣唐大使として入唐。翌年留学生阿倍仲麻呂《あべのなかまろ》とともに帰途についたが、沖縄まできたところで遭難し、安南《あんなん》に漂着。ふたたび長安に戻ったが、その後唐の官人となり、名を河清と改め、帰国することなく唐で没した。唐の女性とのあいだに生まれた喜《き》娘《じょう》は、清河の死後、七七八(宝亀九)年に遣唐使に同行して来日した。

▼粛宗　唐第七代皇帝。在位七五六〜七六二年。

なり、牛角を送ることはなかった。唐を圧倒的な存在と考えていた日本が、武器の材料にすら事欠く状況を知ったことは、反乱軍をなかなか鎮圧できないこととあいまって、大国の衰退と受けとめたにちがいない。それがひいては新羅征討計画につながっていると思われる。日本ではこれまでも新羅征討の議論はしばしば起こっている。さきに新羅が武周革命を日本には伝えようとはしなかった可能性にふれたが、他国に弱点を知らしめないことも情報管理として重要なことであったろう。

さて、実は新羅側は日本のこの征討計画を事前に察知し、防衛体制を固めていた徴証がある。七六四(天平宝字八)年七月に新羅使が大宰府に来着した。このころには日本側の征討計画もほぼ断念したとみられる時期ではあるが、さっそく応接するための使者が派遣された。まず来日の目的をたずねたところ、唐から渤海経由で帰国した日本僧戒融《かいゆう》▲の消息を知るために唐の勅使の依頼を受けて来日したことが判明した。問題はつぎの問答である。すなわち、日本の官人が「最近日本に渡来した新羅人が、『新羅では日本が攻めてくるのではないかと疑い、兵士を徴発して警戒につとめている』といっているが、それは事実か」と

▼**戒融**　入唐年次不詳。七六三(天平宝字七)年に来日渤海使王新《おうしん》福《ぷく》を送って渤海にやってきた日本使とともに帰国した。帰途海上で暴風雨にあい、同乗の学生高内《こうのうち》弓《ゆみ》の妻子らが海に投じられるという悲劇も伝えられている。日本帰国後の消息は明らかでない。

たずねたのに対し、新羅使は「国境地帯を警戒しているのは事実である。しかしそれは唐の争乱による海賊の出没に備えてのものである」と答えている（『続日本紀』天平宝字八年七月甲寅《こういん》条）。たしかに安史の乱の影響で、新羅近海に海賊ないし反乱軍があらわれる可能性は否定できない。日本も大宰府に警戒を命じている。しかし新羅使の回答は額面どおりには受けとれない。日本に渡来した一般新羅人がなんの理由もなしに、日本が攻めてくるかも知れない、などと考えるはずはないであろう。新羅が日本の遠征計画を察知し、警戒態勢をとっていたとみてまちがいない。どのようなルートで新羅が情報を入手したのか定かではないが、新羅の諜報活動の実態をうかがわせる事例であろう。

　安史の乱の情報伝達は、さらに思わぬ波紋を呼ぶ。日本が唐・新羅情勢に敏感に反応し、異国情報にきわめて関心が高いことを渤海が知ったことである。渤海は唐・突厥《とっけつ》の二大勢力に両属し、南の新羅、北の黒水靺鞨《こくすいまっかつ》、西の契丹《きったん》に囲まれるという状況におかれており、国家存亡のために情報が重要な意味をもつことを十分に承知していた。七三二年に登《とう》州を襲って唐・新羅軍と戦った渤海王大武藝《だいぶげい》が唐に謝罪し朝貢《ちょうこう》を再開してまもない、七三六（開元二十四）年のもの

▼**奚**　シラ＝ムレン流域を活動領域とするモンゴル系牧畜狩猟民族。唐滅亡後は遼（契丹）に服属した。

▼**霊仙**　平安前期の法相宗《ほっそうしゅう》の僧。興福寺《こうふくじ》で学び、八〇四（延暦二十三）年、遣唐使に随行して入唐留学。八一〇（弘仁《こうにん》元）年には長安で経典の漢字翻訳事業に携わってい

る。その後五台山に移り修行を重ねたが、同地で毒殺されたという。この間、日本の朝廷から渤海使を仲介役として砂金が送られ、また経典などを日本に送ったりしている。

▼「淄青節度使康志睦」　淄青節度使は山東半島におかれており、このころ、河北の節度使が唐朝廷の指示に従わず反抗する紛争が起きており、康志睦もその平定のために動員されていた。こうした唐情報を伝えることを口実としたのであろう。

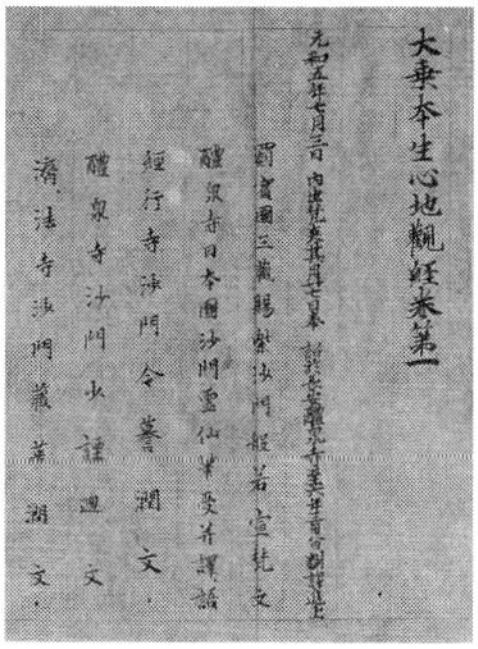

●――霊仙が漢訳に参加した『大乗本生心地観経』巻一識語

と推測される玄宗《げんそう》の勅書（『曲江集《きょっこうしゅう》』所収「勅渤海王大武藝書」第二首）からつぎのような状況が知られる。渤海が唐と対抗するうえで支援を受けてきた突厥から、渤海と突厥のあいだに位置する奚《けい》▲および契丹を挟みうちにするという計画が渤海に伝えられた。かつて奚・契丹は突厥に属していたが、このころは離反して唐に内属していた。突厥はそこで侵攻を計画したのである。ところが武藝はあろうことかこの情報を唐に伝えている。唐と拮抗《きっこう》する勢力を誇っていた突厥も、このころには内紛の兆《きざ》しがあらわれ、やがて崩壊する（七四四年）。渤海には突厥の弱体化を読みとる情報が存在したのであろう。情勢の変化を読みとるや、その内部情報を対立していた唐に伝えることさえ辞さなかった。突厥依存から唐関係の改善へ、政策を大きく転換させることに踏み切ったのである。

それほど情報を重視する渤海が、日本が唐の情報にきわめて関心が高いことを知ったことは重要である。年期制が定められて、来航が一二年に一度と制限されてもなんとか貿易の機会を多くしたい渤海は、年期違犯の来航を続けるが、その口実にしばしば唐情報を使っている。八二七（天長四）年来日の渤海使は、在唐留学僧《るがくそう》霊仙《りょうせん》▲のこととともに、「淄青節度使《しせいせつどし》康志睦《こうしぼく》▲交通のこと」を伝えるために違期を承知で来航したと述べている（『類聚三代格』天長五〈八二八〉年正月太政官符）。淄青節度使とは、渤海や新羅を監督する唐の機関で山東半島におかれていた。渤海が伝えようとした情報とは、そのころ周辺で起きている反乱事件であると思われるが、日本に直接関係するような情報ではない。これを違期来朝の口実にしているのは、安史の乱に際しての日本の反応を知っているからであろう。日本が海外情報に関心が高く、渤海に対する唐との中継的役割の期待の高いことを承知しての行動であり、渤海の巧みな外交術が目につくのである。

そして海外からの情報が日本国内の政治に影響をあたえた例として、ほかに史上に有名ないわゆる遣唐使の廃止という問題がある。中学・高校の歴史教科書をはじめ「八九四年に菅原道真《すがわらのみちざね》の建議によって遣唐使は廃止された」という記述が常識として定着している。いわゆる道真の建議と呼ばれるものは八九四（寛平《かんぴょう》六）年八月二十一日に遣唐大使に任命された道真が、遣唐使を代表して九月十四日付で提出した「諸公卿《くぎょう》をして遣唐使の進止を議定《ぎじょう》せしめんことを請ふの状」（『菅家文草《かんけぶんそう》』巻九）で、遣唐使派遣について再考を求める内容である。道真が派遣の再考を求めた最大の動機は、在唐日本僧中瓘《ちゅうかん》▲から送られてきた書

▼**中瓘**　入唐年次不詳。商人に託してしばしば唐情報を日本に伝えており、こののち、八六二年に入唐した真如《しんにょ》親王が唐から天竺に赴く途中、羅越《らえつ》国（マレー半島南端）で死去したことも報じている。

状にある。それには、「大唐の凋弊《ちょうへい》」つまり唐末期の戦乱による衰退した情勢が詳しく記載されており、さらに「停㆓入唐之人㆒」と遣唐使派遣は止めたほうがよいと理解されるような文言《もんごん》まで書かれていた。道真らは、これまでの遣唐使は渡海の途中で遭難したり、異域に漂着したりして命を落とすことはあったが、唐に着けば安全は保障されていた。ところが中瓘の情報では、たとえ唐に着いても無事は保障されない混乱した世情にあるという。そこで公卿および有識者に中瓘の書状をみせて遣使について検討してほしい、と要請しているのである。まさに中瓘から送られてきた唐情報が大きな役割を果たしている。そして、この道真の要請を受けて朝廷で審議された結果、九月三十日に中止に決定した、というのが定説である。

しかしながらこのような常識的理解には問題があり、この定説には修正が必要と考えている。

すなわち朝廷によって遣唐使の派遣中止が決まったという事実はないと考える。いわゆる中止を伝える史料は、わずかに『日本紀略《にほんきりゃく》』▲寛平六年九月三十日条の末尾に「其日、停㆓遣唐使㆒」とある記事で、それ以外にはない。『日本紀略』は

▼『日本紀略』　平安末期成立の編年体史書。神代から一〇三六(長元《ちょうげん》九)年までをおさめる。前半は六国史の抄出、後半は新国史などの史書や日記・記録などを参考にしている。『日本三代実録』以後の史料の少ない時期の史料集として貴重であるが、本文で述べるように、利用に際して注意すべきところもある。

平安後期成立の編纂物で、編者などは不明の史料集である。従来「其日」を九月三十日と解釈しているのであるが、「其日」は「某日」であって九月三十日をさしているわけではない。そして「其日」に始まる記事は『日本紀略』に七〇余例あり、それらを検討すると、『日本紀略』の編者は確かな史料に基づいて「停㆓遣唐使㆒」と記したのではなく、このあと実際に渡航した形跡がないことから、いつか停止されたのであろうと理解し、道真の建議の文中にある「停㆓入唐之人㆒」に引かれて、「停㆓遣唐使㆒」と記述したものとみなされる。菅原道真ら遣唐使の幹部が、こののちまで遣唐使の肩書き▲を名乗っていることをあわせて考えると、朝廷における正規の審議をへて遣唐使が停止されたという事実はなく、道真らの検討要望に対して朝廷としての結論がでないまま、実施が見送られているうちに、肝心の唐が滅亡（九〇七年）してしまったというのが真相であろうと考えている。

いずれにしても、このいわゆる遣唐使の停止は、海外情報が国内の政治に大きな影響をあたえた事例の一つとして注目されるのである。このときはまた中瓘の書状をもたらした唐の商人からも唐の情勢についてたずねている。

このほか、海外情報の情報源としては、入唐・入宋《にっそう》僧らの記録も重要で、異

▼遣唐使の肩書き　大使菅原道真は八九七（寛平九）年五月、録事《ろくじ》阿刀春正《あとのはるまさ》は八九八（昌泰《しょうたい》元）年十月、副使紀長谷雄《きのはせお》は九〇一（延喜元）年十月まで、それぞれ遣唐大使・録事・副使の称号を公文書で名乗っていたことが知られる。

▼『行歴記』　円珍の在唐日記。全三巻。ただし現在伝わる本は、一〇四九（永承《えいしょう》四）年に抄出された『行歴抄』一巻。

▼奝然「在唐日記」　正式の書名は不明。すでに散逸し、まとまった形では伝わらず、諸書に「奝然巡礼記」「奝然在唐記」「奝然入唐記」などさまざまな書名で逸文が引用されている。逸文は『大日本史料』第一編之二十・永観《えいかん》元（九八三）年八月一日条におさめられている。

国情報に満ちあふれたものであった。円仁《えんにん》『入唐求法巡礼行記《にっとうぐほうじゅんれいこうき》』(八三八〜八四七年)、円珍《えんちん》『行歴記《ぎょうれきき》(抄《しょう》)▲』(八五三〜八五八年)、奝然《ちょうねん》「在唐日記(逸文《いつぶん》)▲」(九八三〜九八六年)、成尋《じょうじん》▲『参天台五台山記《さんてんだいごだいさんき》』(一〇七二〜七三年)、戒覚《かいかく》▲『渡宋記《とそうき》▲』(一〇八二〜八三年)などは唐・宋代に中国に渡った僧の代表的な記録である。実際に現地を旅して得た異国情報を満載した記録であるが、そもそもこれらは公務出張の報告書とでもいうべき性質を有していた。一〇七二(延久《えんきゅう》四)年に入宋した成尋は、念願とした天台山・五台山巡礼を果たすが、結局、自身は帰国せずに宋にとどまり、皇帝の親書や贈り物、入手した新訳経典などを日本に送るために随行した弟子を帰国させるが、このとき、肥前《ひぜん》国壁島《かべしま》(現在の佐賀県唐津市呼子《よぶこ》町加部島《かべしま》)で宋商船に乗り込むときから一日も欠かさずに書き続けた日記『参天台五台山記』(八巻)を弟子に託して日本に送っている。そのなかには、日照りの続く宋の都開封《かいほう》で、皇帝から祈雨を命じられ、みごと降雨を得て、善慧《ぜんえ》大師の号を受けた経緯も詳しく記されている。これはまさに日記が成果報告書であることを如実に物語っている。

しかしその一方では、時に虚偽の報告も含まれていたのであろうか、記録の

▼**成尋**　平安後期の天台宗の僧。一〇四一(長久《ちょうきゅう》二)年に京都岩倉《いわくら》の大雲寺《だいうんじ》別当《べっとう》となり、一〇五四(天喜《てんぎ》二)年には延暦寺阿闍梨《あじゃり》となる。天皇や藤原頼通《よりみち》らの信任を受けて活躍した。一〇七二(延久《えんきゅう》四)年に入宋し、帰国することなく、宋の都汴京《べんけい》(開封)で入寂した。母に『成尋阿闍梨母集』がある。

▼**戒覚**　俗姓中原《なかはら》氏。京都の人。父の死後、立身をめざしたが、心に期するところあり、延暦寺で出家した。修行およそ四〇年をへた一〇八二(永保《えいほ》二)年に入宋した。

▼**『渡宋記』**　入宋僧戒覚の日記。一〇八二(永保二)年九月五日、二人の弟子とともに宋商劉琨《りゅうこん》の船に乗り込む記事から始まり、明州に到着、都の汴京(開封)にいたり神宗《しんそう》皇帝に謁見、五台山に巡礼を果たすまで、約一〇カ月間の記録。戒覚自身は帰国せず、本記を抄録して日本に赴く人に託したものが伝えられた。

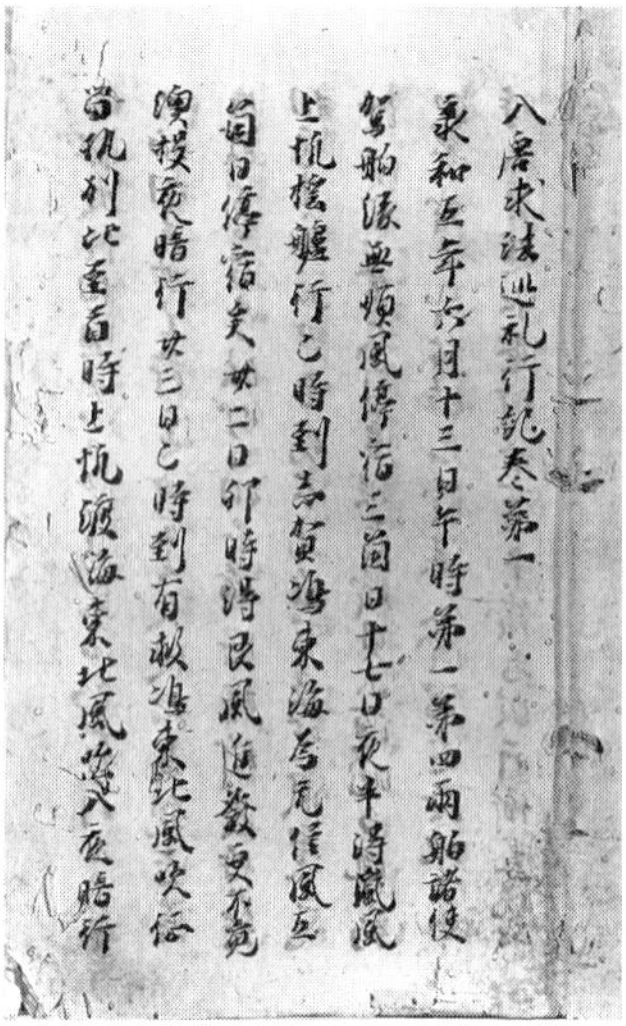

●──円仁『入唐求法巡礼行記』(安藤積産合資会社蔵)

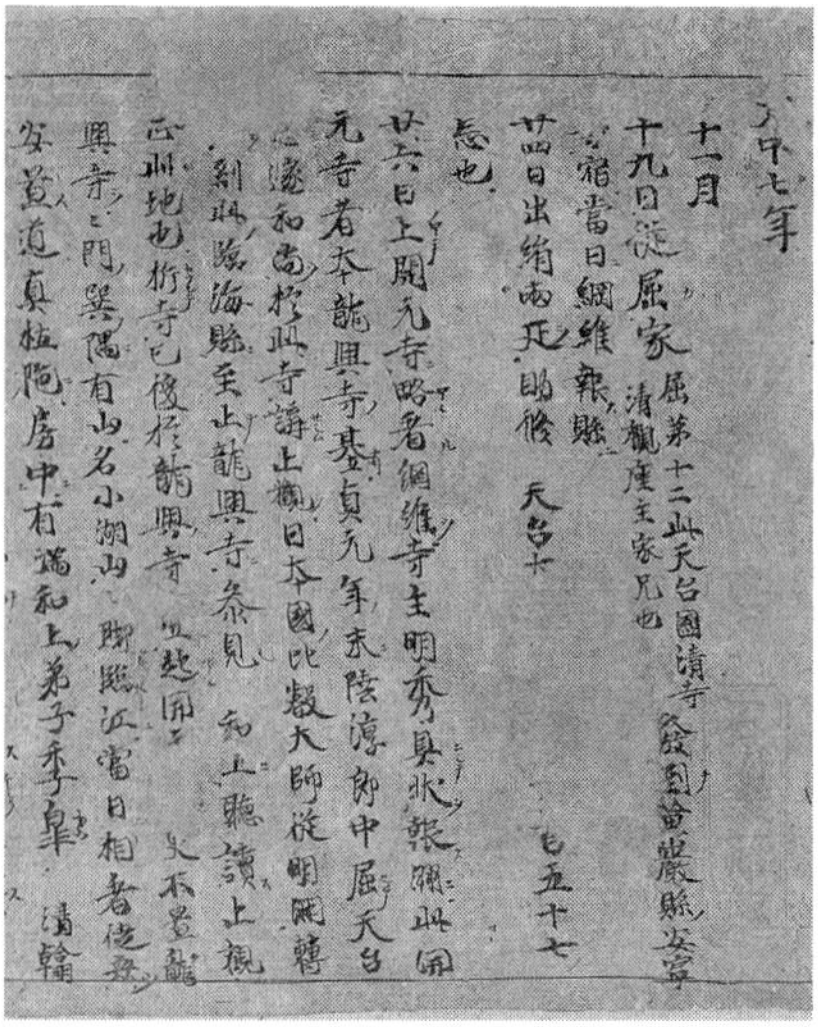

●──円珍『行歴抄』(石山寺蔵)

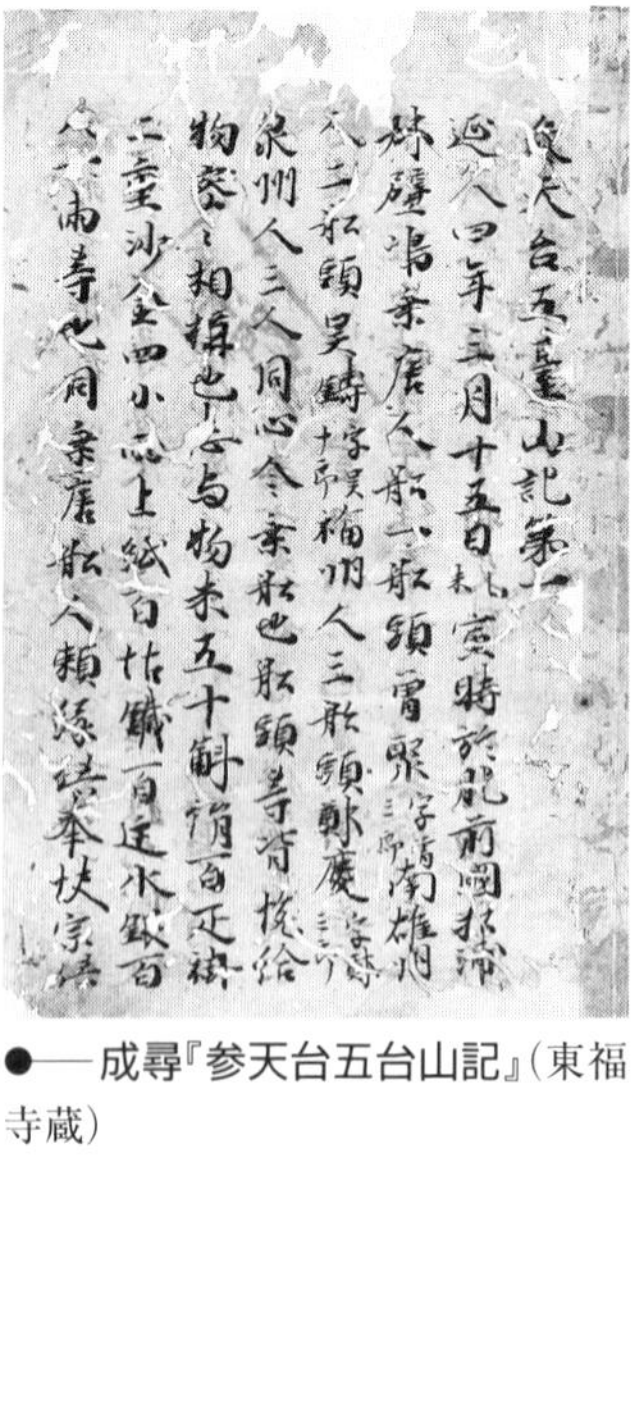

●──成尋『参天台五台山記』(東福寺蔵)

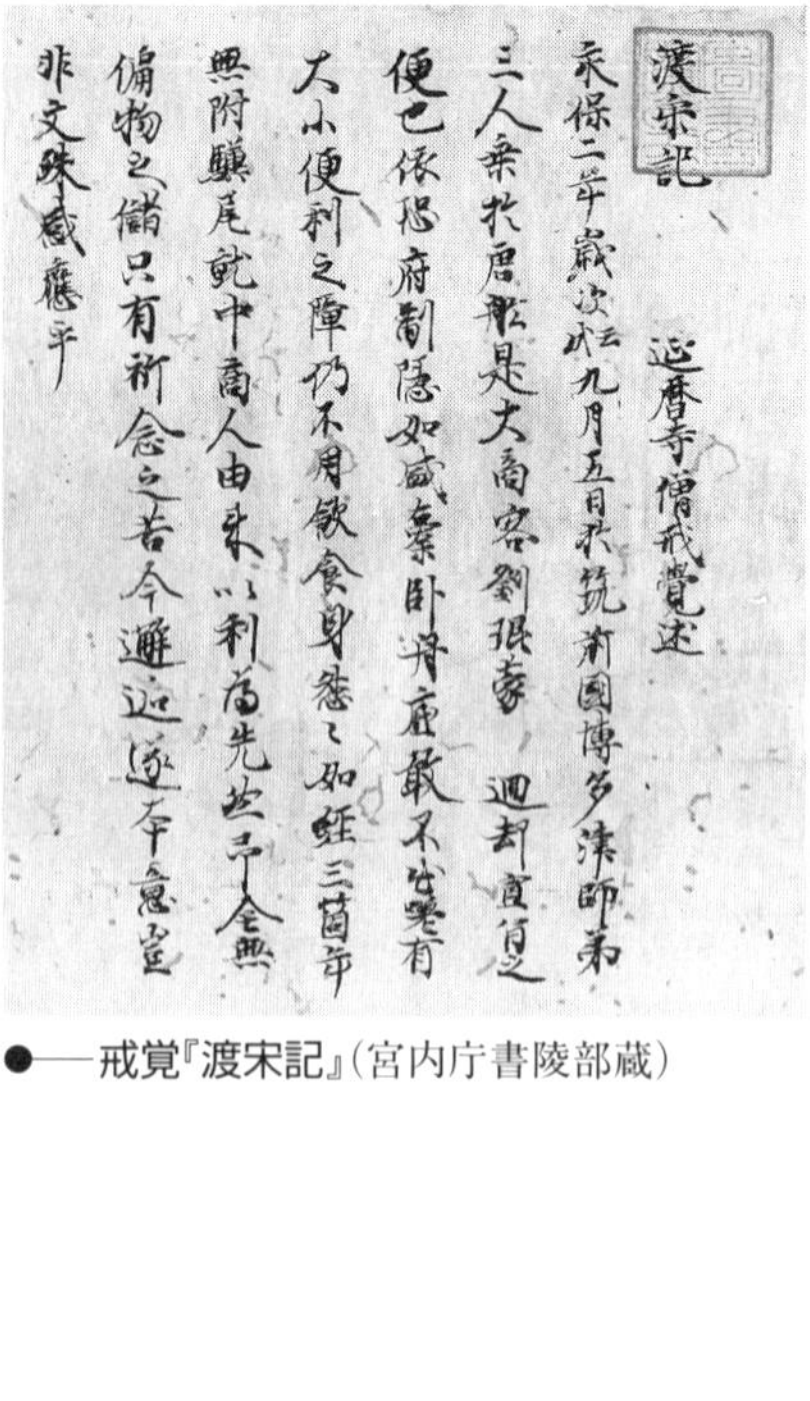

●──戒覚『渡宋記』(宮内庁書陵部蔵)

内容について真偽の審査が行われている。九五三（天暦《てんりゃく》七）年に呉越《ごえつ》国王からの要請で廃仏や争乱で失われた天台宗《てんだいしゅう》の経典を届けるために渡航し、九五七（天徳《てんとく》元）年に帰国した延暦寺《えんりゃくじ》僧日延《にちえん》▲の「在唐の間の日記」について、有識者が「真偽を試問」している（『平安遺文《へいあんいぶん》』四六二三号）。現地を体験した者のみが知りうる異国情報であるだけに、日記の内容と齟齬《そご》がないかを確認したのであろう。このような日記が、いわば公使や国費留学生の成果報告書を意味していることをよく物語っていると思う。こうした海外情報が、日本人の異国認識を深め、世界観の広がりに寄与していることはいうまでもないであろう。

▼**日延**　延暦寺の僧。経典を受けて喜んだ呉越王から、紫衣《しえ》を賜わり、内供奉《ないぐぶ》に準ずる待遇をあたえられたという。帰国に際しては、符天暦《ふてんれき》のほか、日本に未だ伝えられていない内典・外典一〇〇〇余巻、および呉越王がインドアショカ王の故事にならって作成した八万四千塔（宝篋印塔《ほうきょういんとう》）の一つをもたらした。僧綱《そうごう》任命を固辞して大宰府に下向し、筑前《ちくぜん》国に大浦寺《おおうらでら》を建立して住した。

●——銭弘俶《せんこうしゅく》八万四千塔

東アジア世界へのまなざし

　以上、三つのテーマを設けて、律令《りつりょう》国家成立以後の日本と東アジア世界との交流についてながめてきたが、時期的には、おもに九世紀までの「人物」移動の歴史で紙幅を使い果たしてしまった。九世紀に日本の外交や対外認識に大きな変化がみられると考えてのことであるが、海を舞台として境界を超えたダイナミックな動きがみられ、中国大陸・朝鮮半島そして日本列島がより近い存在となる十世紀以降の動向については、ほとんど述べることができなかった。

　また地理的には、東アジアとはいいながら、中国・朝鮮以外の地域にはあまりふれることができなかった。もちろん古代の日本・日本人がそれ以外の地域とまったく交流がなかったわけではない。日本の人びとは限られた場面ではあるが、より広い世界にもふれる機会はあった。すでに本文において、天平勝《てんぴょうしょう》宝《ほう》度《ど》遣唐使《けんとうし》が唐の朝廷で席次を争った場には新羅《しらぎ》使だけでなく、吐蕃《とばん》使や大《たい》食《しょく》使も列席していたことを紹介し、また三河《みかわ》国に天竺《てんじく》人が漂着し、綿種をもたらしたことにもふれた。このほか、天平度の遣唐使にともなわれて「波斯《ペルシア》人」が来日し、鑑真《がんじん》一行のなかには安如宝《あんにょほう》という人物がいた。のち得度して如宝と名乗っているが、俗姓からみて中央アジアのオアシス国家の一つでシルクロードの要衝を占めた安国《あんこく》（ブハラ）の出身とみられる。ペルシア人・ソグド人が日本にやってきているのである。また印度出身の僧▲や東南アジア林邑国《りんゆう》出身の僧▲も渡来している。遣唐使は長安《ちょうあん》・揚州《よう》など各地で碧眼《へきがん》・紅毛《こうもう》の人びとを実際に目にしていたであろうが、七三三（天平五）年入唐の遣唐使の一員で、唐からの帰途遭難して今日のベトナム方面に漂着し、ふたたび唐に戻って渤海《ぼっかい》経由で帰国した平群広成《へぐりのひろなり》のような人物もいた。こうした異国人の渡来や遣唐使らの体験談は、古代日本人の地理的・文化的世界観を広げ、書物だけの知識を疑似体験する機会として重要な意味をもったものと思われる。外交といった直接の交流はないものの、古代の日本人は確実に「東アジア世界」を認識していたにちがいない。十世紀末〜十一世紀初めごろの成立とされる『宇津保《うつほ》物語』では主人公俊蔭《としかげ》が遣唐使の一員として入唐の途中遭難して「波斯国」▲に漂着する一節が語られるまでになるのである。

本書ではもっぱら文献史料に依拠して叙述を進めてきたが、近年の考古学調査の著しい進展は本書で扱った分野でも多くの新しい知見をもたらしている。

▼印度出身の僧　菩提僊那《ぼだいせんな》。七三六（天平八）年に来日。七五二（天平勝宝四）年の大仏開眼供養会では開眼師を務めている。婆羅門《ばらもん》僧正《そうじょう》と称される。

▼林邑国出身の僧　仏哲。七三六年に菩提僊那とともに唐から来日した。林邑国は今日のベトナム。

▼波斯国　ふつう波斯は西アジアのペルシアの音訳として用いられるが、中国史料では今日のインドネシアのスマトラ島付近にも「波斯国」がある（『諸蕃志』）。『宇津保物語』の「波斯国」は後者にあたるという意見もある。

●──鴻臚館大型建物の基壇に積まれていた石垣

●──鴻臚館跡出土中国陶磁
（唐代末〜北宋代）

●──鴻臚館跡出土青釉陶器・ガラス器（ペルシア製）

●—鴻臚館跡遺物出土状況

●—大宰府政庁と周辺の役所(『大宰府復元』九州歴史資料館，1998年より)

そのもっとも注目すべきは大宰府鴻臚館《だざいふこうろかん》遺跡の発掘調査である。これまでの調査によって、大型建物の遺構や、大量の中国陶磁器と、少数ではあるがイスラムや新羅の陶磁器が出土している。そして最近では、大型建物の基壇の周囲には石垣が積まれていたことも明らかにされている。鴻臚館遺跡は現在ではだいぶ海から隔たったところに位置しているが、古代の海岸線からすれば、海に面した台地上に建立されていた。蕃国《ばんこく》の人びとがはじめてみる本格的な建物にふさわしい威容を誇っていたことであろう。八〇六(大同《だいどう》元)年、山陽道《さんようどう》の駅館《えきかん》は外国使節の往還に利用されるから、瓦葺き・朱塗りの立派な建物にすべし、との通達がだされていることを髣髴《ほうふつ》させるものがある。また博多駅前から広がる、いわゆる博多遺跡群からは宋代の陶磁器類が大量に出土しており、貿易の場所が鴻臚館から移動したことを物語る、との報告もなされている。

このほか、新羅との関係では、新羅王宮付属の庭園(雁鴨池《アナプチ》)遺跡から出土の遺物に、中国とは異なり、日本と共通した意味をもつ文字が使われていること▲が明らかにされたり、また文献史料の乏しい渤海については、中国・ロシア・北朝鮮において発掘調査が活発に行われて大きな成果をあげている。こうした

▼**新羅との用字法の類似**　たとえば、「鎰《イツ》」は鍵の意味で日本で用いられているが、中国にはない用例である。それが新羅の遺跡から同じ意味で「鎰」字が書かれている遺物が発見された。このほか、木簡形状や用途などにも共通するものの多いことが指摘されている(李成市氏)。

状況はまた日本列島の北方・南方にもいえることで、日々新しい成果が報告されている。このような考古学の知見をほとんど叙述に盛り込むことができなかったことは残念であるが、文献・考古両面からの古代日本と東アジア世界の研究がさらに進展することを願って、ひとまず筆をおくことにしたい。

1082	永保 2	僧戒覚《かいかく》，宋商船に便乗して入宋。
1086	応徳 3	白河天皇が譲位し，院庁《いんのちょう》で政務をみる（院政《いんせい》の始まり）。
1091	寛治 5	大宰権帥《ごんのそち》藤原伊房《これふさ》，宋商人に同行させて使者を契丹に派遣し，貿易を行う（1094年，処罰される）。
1097	承徳元	大宰権帥 源 経信《みなもとのつねのぶ》，大宰府で没。博多在住の宋人多数が弔問に訪れる。」宋商人が高麗よりもたらした経典を興福寺の僧に届ける。
1118	元永元	宋国の牒状が先例にかなっているかどうか，諸道博士らに調べさせる。
1127	大治 2	宋，金の侵略を受け滅亡。都を開封から杭州に移して再興（以前を北宋，以後を南宋）。

●— 7～9 世紀の東アジアと日唐交通

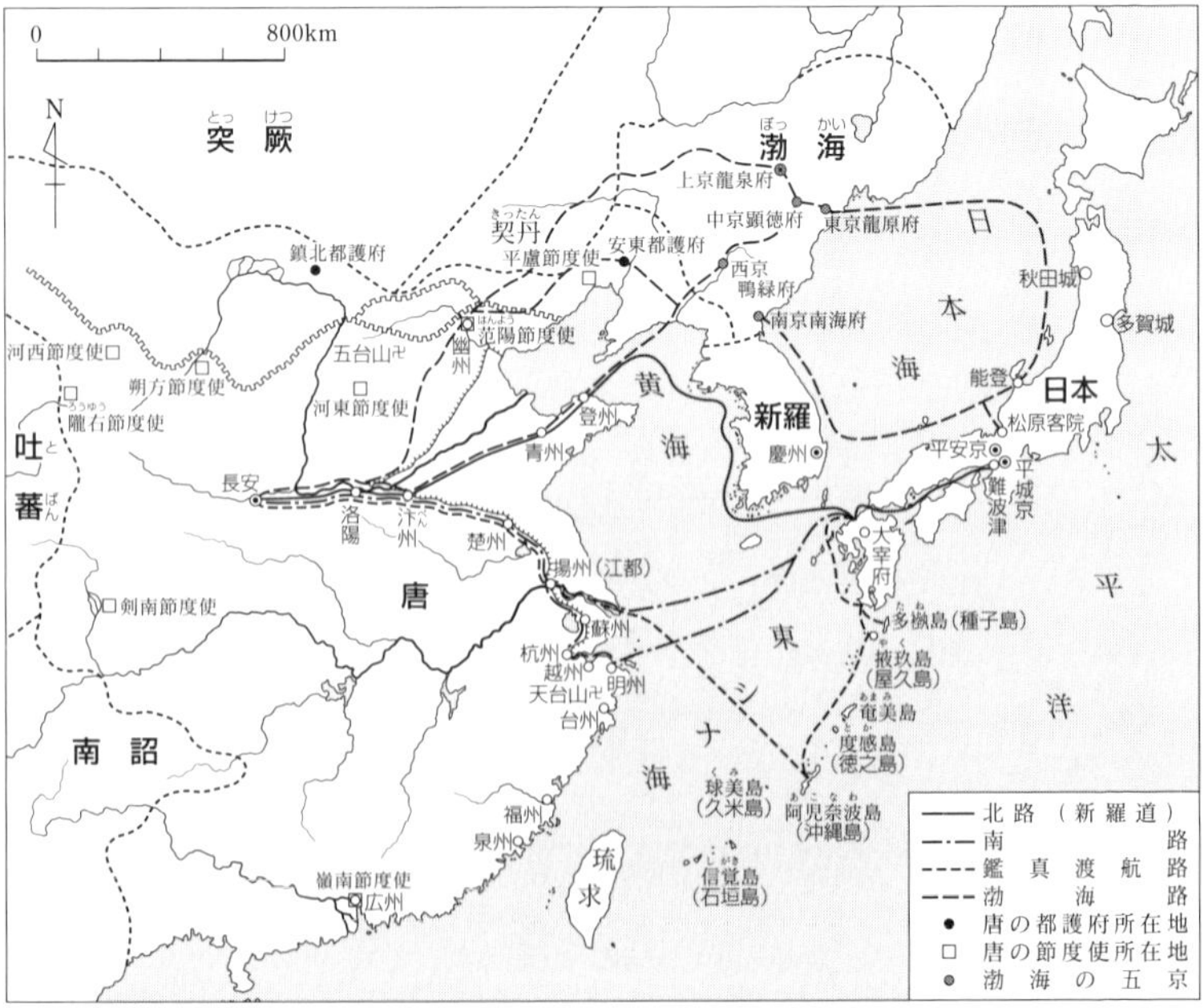

974	天延2	高麗商人との貿易をおえた高麗国交易使が大宰府から帰京。
978	天元元	宋商人来航(以後，宋商人が頻繁に来航する)。
982	〃 5	滞日3年におよぶ宋商人に支給するため，陸奥国に金の貢進を重ねて催促。
983	永観元	僧奝然，宋商船に便乗して入宋(986年，帰国。釈迦如来像・一切経などをもたらす)。
988	永延2	僧源信《げんしん》，自著『往生要集《おうじょうようしゅう》』を宋商人に託し，流布をはかる。
995	長徳元	藤原道長，内覧《ないらん》の宣旨を受ける。
997	〃 3	高麗牒状について審議。日本を侮辱する文言があるため，返書をあたえずに帰国させ，要害を警固させる。
998	〃 4	天台座主覚慶《かくけい》，宋僧の依頼により，中国で失われた経典を送付する。
1000	長保2	宋商人との取引における金と米の交換率について，金1両=米2石と定める。
1003	〃 5	僧寂照《じゃくしょう》，入宋(帰国せず)。
1008	寛弘5	藤原道長，在宋の僧寂照に書状を送る。
1014	長和3	藤原実資《さねすけ》，大宰府滞在中の宋の医師のもとに小児用の薬を求める。
1015	〃 4	一時帰国した寂照の弟子に託して，藤原道長らの公卿，宋・天台山に種々の品々を施入する。
1019	寛仁3	刀伊(女真人)の賊が対馬・壱岐および北部九州を襲い，多数を捕虜にして引きあげる。○高麗軍が刀伊を迎えうち，捕虜の日本人を救出し，日本に送り届ける。
1026	万寿3	宋商人周良史，母が日本人であることを理由に日本の位階授与を望むが認められず。こののち，周良史，大宰府進貢使《しんこうし》と称し，日本の産物を宋明州市舶司に進める。
1030	長元3	大宰府，耽羅島(済州島)人の漂着を報告する。
1040	長久元	宋商人慕晏誠，貨物を前大宰大弐藤原実成に押領されたと訴える(このころ，宋商人と日本人とのあいだで取引上のトラブルが多く発生する)。
1047	永承2	許可なく入宋した筑前国の住人清原守武ら6人が，流罪・徒罪に処せられる。
1051	〃 6	高麗金州の牒状が到来する。
1072	延久4	僧成尋，宋商船に便乗して入宋。
1073	〃 5	日本商人王則貞ら，高麗王に工芸品などを進める。○成尋，宋皇帝の天皇宛の贈り物などを託して弟子を帰国させる(成尋は宋に留まり，1081年に没)。
1078	承暦2	宋皇帝に返礼品を送る。
1080	〃 4	日本商人王則貞，高麗から帰国。高麗国王の病気治療のため医師派遣を求める牒状をもたらす。朝廷で審議の結果，医師を派遣しないこととし，大宰府から高麗牒状の書式・文言に不備があるため，朝廷に伝えられない趣旨の返書を送らせる。

		(877年，帰国)。
881	元慶 5	このころ，在唐日本僧中瓘から，862年入唐の真如(高丘《たかおか》親王)が唐から海路インドに向かう途中羅越国で死去したことを伝える書状が届く。
882	6	渤海使が加賀《かが》国に来着。太政官，加賀国司に私貿易の禁止を指示する。
885	仁和元	大宰府に，来日唐商人との貿易の厳正な管理を命じる。
893	寛平 5	新羅海賊が肥前・肥後方面に来襲する。
894	〃 6	新羅海賊が対馬などを襲う。」菅原道真らを遣唐使に任命するが，実施されず(最後の遣唐使計画)。
903	延喜 3	大宰府に，唐商人が来着した場合，まず朝廷が必要な品を購入し，その後適正な価格で私貿易を許すという，律令の基本原則遵守を命じる。
907	〃 7	○唐が滅亡し，五代十国時代が始まる。
909	〃 9	在唐日本僧中瓘に砂金を添えて太政官牒を送る。」大宰府に来着した唐商人との貿易に朝廷から使者(唐物使)を派遣せず，大宰府に委任する。
911	〃 11	外国商人の来航に制限を設ける(年期制)。
919	〃 19	渤海使来日(翌年帰国。最後の渤海使)。
922	〃 22	後百済王甄萱の使者が対馬にいたる。陪臣《ばいしん》の朝貢は認められないとする大宰府牒状を付して帰国させる(929年にも来日。同様の措置がとられる)。
926	延長 4	興福寺僧寛建《かんけん》の入唐を許し，中国で流布させるため菅原道真らの詩集および小野道風《おののとうふう》の書を付す。○渤海が契丹に攻められ滅亡。契丹は同地を東丹国とする。
929	〃 7	919年に渤海使として来日した裴璆が東丹国使として来日。契丹王を誹謗したため，怠状を提出させられる。
935	承平 5	呉越商人来航し，羊を献上。」平将門《たいらのまさかど》の乱(～940)。○新羅王が高麗に降伏し，新羅滅亡。
936	〃 6	呉越商人，来航し，呉越王の大臣ら宛の書状を伝える。左大臣藤原忠平《ただひら》，返書を送る。○高麗，朝鮮半島を統一。
939	天慶 2	高麗使，来日。大宰府，高麗広評《こうひょう》省宛の牒状を付し，帰国させる。」藤原純友《すみとも》の乱(～941年)。
947	天暦元	呉越商人，来航し，呉越王の書状・贈り物を伝える。左大臣藤原実頼《さねより》，砂金を添えて返書を託す。
953	〃 7	延暦寺僧日延，呉越王の求めにより戦乱で失われた天台宗経典を届けるため呉越商船に便乗して渡海(957年に帰国。日本未伝の内典・外典や暦本および呉越王がつくらせた八万四千塔の一つなどをもたらす)。
957	天徳元	呉越国使，来日。
960	〃 4	○宋，建国(979年，中国を統一)。
972	天禄 3	高麗使，対馬にいたる。大宰府の返書をあたえて帰国させる。

816	弘仁7	新羅人180人が帰化。このころから，飢饉などを避けた新羅人の渡来が盛んになる。
819	〃 10	唐越州の人周光翰ら，新羅船に乗って来日。翌年，渤海使の帰国に同行して帰途につく。
824	天長元	渤海使の来朝の年期を12年に1度と定める。
825	〃 2	○渤海僧貞素《ていそ》，日本の朝廷より転送を依頼された金・書状などを唐・五台山の日本僧霊仙のもとに届ける。また霊仙から舎利・経典などの日本への転送を依頼される。
826	〃 3	渤海使，来日。右大臣藤原緒嗣，渤海使の実体は商人団であり，年期違反の使者は入京を許すべきではないと主張するが，認められず。
828	〃 5	但馬国司に，前年末に来着した渤海使の食料の支給額，私貿易の禁止などを指示する。○渤海僧貞素，日本朝廷の依頼によりふたたび唐・五台山の霊仙のもとをたずねるが，すでに霊仙は死去。
831	〃 8	大宰府に，来日新羅商人との私貿易取締りを命じる。
836	承和3	遣唐使保護依頼のため新羅に派遣された紀三津が帰国。日本にとって侮辱的な内容の新羅執事省牒《しつじしょうちょう》をもたらす。
838	〃 5	遣唐使藤原常嗣ら入唐(翌年，新羅船を雇い帰国。事実上最後の遣唐使)。留学僧円仁(847年，帰国)・円載(877年，帰国途中に遭難死)ら随行する。
840	〃 7	新羅人張宝高，朝貢を請う。臣下に外交の資格はないとして認めず。
841	〃 8	僧恵蕚《えがく》，新羅船に便乗して入唐する。
842	〃 9	前筑前守文室宮田麻呂が差し押さえた，張宝高の部下のもたらした貨物を返却させる。」大宰大弐藤原衛《まもる》が新羅人の入国を一切禁止するよう求める。貿易は許すが，帰化(移住)は認めないこととする。
845	〃 12	新羅康州使，漂着日本人を大宰府に送り届ける。
849	嘉祥2	大宰府鴻臚館に滞在中の唐商人徐公祐《じょこうゆう》，平安京にいる唐僧義空に白茶碗・越州碗子などに書状を添えて送る。
853	仁寿3	延暦寺の僧円珍，入唐(858年，帰国)。
859	貞観元	渤海使，唐の暦「長慶宣明暦《ちょうけいせんみょうれき》」を伝える(861年に採用され，1684年まで用いられる)。
866	〃 8	肥前国基肄《きい》郡郡司らが新羅と結び対馬島を奪うという計画が発覚。
869	〃 11	新羅の海賊が博多津を襲い，豊前《ぶぜん》国の年貢の絹・綿を奪い逃走する。翌年，大宰府在住の新羅人を陸奥《むつ》に移住させる。
870	〃 12	大宰少弐藤原元利麻呂《もとりまろ》が新羅王と共謀して反乱を起こそうという計画が発覚。
872	〃 14	入京した渤海使が内蔵寮ついで市の人びとと貿易を行う。
874	〃 16	香料や薬材を購入するための勅使が唐商船を利用して入唐

758	天平宝字 2	遣渤海使小野田守，渤海使をともない帰国。唐の安史の乱の情報を伝える。
759	〃 3	在唐の751年入唐の遣唐大使藤原清河を迎えるため，遣唐使高元度らを渤海使の帰国に同行させる。」新羅征討のための用船建造を諸国に命じる。以後，武器や武具の調達，新羅語通訳の養成など，準備を進める。
761	〃 5	遣唐使高元度ら，唐使に送られて帰国。
762	〃 6	渤海使，来日。」新羅征討のため，諸社に奉幣(以後，遠征計画関連史料がみえず，中止される)。」多賀城碑が建てられる。◦渤海王，唐より郡王から国王へ昇格される。
764	〃 8	恵美押勝(藤原仲麻呂)，反乱を起こし，敗死。
768	神護景雲 2	左右大臣らに新羅の貿易品購入の費用として大宰府の綿を支給する。
771	宝亀 2	渤海使壱万福，来日。渤海王の国書が無礼であるため，信物を返却する。壱万福が王にかわって国書を改修し，陳謝して収拾される。
778	〃 9	前年入唐の遣唐使が唐使をともなって帰国。
779	〃 10	新羅使，唐からの帰途耽羅(済州島)に漂着した遣唐使および唐使を送り届ける。京に招き饗応して帰国させる(新羅公使来日の最後)。
780	〃 11	唐使を明州まで送る。
787	延暦 6	長岡京に遷都。
794	〃 13	平安京に遷都。
796	〃 15	遣渤海使が帰国し，来朝の年期制定を求める渤海王の国書をもたらす。
799	〃 18	天竺人，三河に漂着。綿種をもたらす。
804	〃 23	遣唐使が新羅に漂着した場合の保護依頼のため，新羅に使者を派遣する。遣唐使藤原葛野麻呂《かどのまろ》ら入唐。僧最澄《さいちょう》・空海《くうかい》・橘逸勢ら随行する(最澄は翌年，空海・橘逸勢は翌々年帰国)。
806	大同元	蕃客の利用する山陽道の駅館は，瓦葺き・朱塗りでとくに荘厳にさせる。
810	弘仁元	◦在唐日本僧霊仙《りょうせん》，長安醴泉寺《れいせんじ》における経典の翻訳に筆受ならびに訳語として参加する(翌年完成)。
811	〃 2	遣渤海使林東人が渡航し，帰国(最後の遣渤海使)。」対馬島司，来襲した新羅海賊と戦い，撃退する。
814	〃 5	新羅王子が来朝して朝貢の意志があれば渤海使の例に準じて賓客として処遇するが，ただ隣好を願うのであれば答礼を用いずただちに帰国させることとする。」新羅商人が長門《ながと》国に漂着。

●平城宮出土「遣高麗使」木簡

712	和銅5	○唐・玄宗皇帝が即位。
713	〃 6	○震国王大祚栄，唐から渤海郡王に冊封される(以後，渤海と称する)。
717	養老元	遣唐使多治比県守《たじひのあがたもり》ら入唐。留学僧玄昉，留学生吉備真備・阿倍仲麻呂ら随行する。
720	〃 4	渡嶋津軽津司《わたりしまつがるのつのつかさ》の官人を靺鞨国に遣わし，風俗を観察させる。
721	〃 5	新羅使来朝するが，元明《げんめい》上皇の喪中を理由に入京を認めず，大宰府から帰国させる。
722	〃 6	新羅，日本に備えて毛伐郡城(慶尚北道)を築く。
727	神亀4	渤海使，出羽に来着。翌年入京。
728	〃 5	渤海使帰国。引田虫麻呂《ひきたのむしまろ》らに送らせる(日本・渤海関係の始まり)。
731	天平3	来日新羅使が来朝の年期制定を求める。日本は3年に1度とすることを告げる。
732	〃 4	○渤海，唐領山東半島の登州を襲い，刺史を殺す。唐，新羅に援軍の派遣を求め，ともに渤海を討つが，成功せず。
734	〃 6	前年入唐の遣唐使多治比広成《ひろなり》ら，玄昉・吉備真備らをともなって帰国。
735	〃 7	新羅使入京。国号を王城国と勝手に改称したとして，ただちに帰国させる(放還)。」大宰府，漂着船に備えて南島に島名・停泊処・飲料水の所在・行程などを記した牌を立てる。○新羅，大同江以南の領有を唐から公認される。
736	〃 8	733年入唐の遣唐副使中臣名代，唐人・波斯人をともなって帰国。
737	〃 9	遣新羅使，帰国して新羅の対応の失礼を報告。官人に対策を聴取したところ，新羅征伐の強硬意見もでる。
739	〃 11	733年入唐の遣唐判官平群《へぐり》広成，渤海使に同行して帰国。広成は，唐からの帰途遭難して林邑国に漂着し，ふたたび長安に戻ったのち，渤海を経由して帰国した。
740	〃 12	大宰少弐《しょうに》藤原広嗣，玄昉・吉備真備の排除を求めて挙兵。
742	〃 14	○日本人留学僧，鑑真に日本への渡航を要請。鑑真，受諾する。
743	〃 15	来日新羅使が従来の調《ちょう》を土毛《どもう》と称するなどの無礼により，大宰府から帰国させる。
746	〃 18	渤海人および鉄利人千百余人が出羽に来着。食料を支給して帰国させる。
752	天平勝宝4	東大寺大仏開眼。新羅使王子金泰廉一行七百余人が来日。大々的に貿易を行う。
753	〃 5	○遣唐使，唐の朝賀に参列。席次が新羅使よりも下位におかれていたため抗議。新羅使と入れ替えられる。○新羅国王，日本国使(小野田守)が傲慢で無礼であるため引見せず，帰国させる。
754	〃 6	唐僧鑑真，遣唐使に同行して来日。
755	〃 7	○安史の乱が始まる(～763年)。

●—略年表

中国・朝鮮における出来事には○，2事以上にわたる場合には 」を付す。

西暦	和　暦	事　　　　項
618	推古26	○唐が建国される。
623	〃 31	留学僧薬師恵日ら，新羅使に送られて帰国。唐は法律の整備した優れた国家であるので通交すべきこと，在唐の留学生を召還すべきことなどを進言する。
630	舒明2	犬上御田鍬・薬師恵日らを唐に遣わす(遣唐使の始まり)。
632	〃 4	犬上御田鍬，唐使高表仁・留学僧旻らをともなって帰国。高表仁は日本の王子と礼儀をめぐって争い，使命を果たせずに帰国。
659	斉明5	○入唐した遣唐使が，唐から「海東の政」(百済遠征計画)があるため，帰国を許されず，幽閉される(翌年の百済滅亡後解放され，帰国)。
660	〃 6	○百済，唐・新羅に滅ぼされる。唐，熊津都督府をおき，百済旧領の直接支配をはかる。百済の遺臣ら，日本に救援軍の派遣と在日の王子余豊璋の送還を求める。
663	天智2	○日本の百済救援軍，白村江で唐・新羅軍と戦って敗れる。
664	〃 3	唐の百済鎮将の使者が来日。
667	〃 6	近江大津宮に遷都。
668	〃 7	高句麗使来朝。」新羅使金東厳《きんとうげん》ら来朝。道守麻呂《みちのもりまろ》らに送らせる(日本・新羅関係再開。以後両国の使者，ほぼ連年往来)。 ○高句麗，唐・新羅に滅ぼされる。唐は高句麗旧領の直接支配のため平壌に安東都護府をおく。
669	〃 8	河内鯨《かわちのくじら》らを唐に遣わし，高句麗平定を賀す。
671	〃 10	唐の熊津都督の使者が百済人ら2000人を率いて来朝。○新羅，旧百済領の82城を奪い，翌年には旧王都を占領して，ほぼ百済の故地を領有する。
672	天武元	壬申の乱。
676	〃 5	○唐，熊津都督府・安東都護府を遼東に移す。新羅，朝鮮半島を領有。
690	持統4	入唐留学日本僧および百済救援の役で捕虜となって唐に抑留されていた大伴部博麻らが新羅使に送られて帰国。○唐・則天武后が即位し，国号を周と改める(705年，唐に復す)。
698	文武2	○粟末靺鞨人大祚栄，震(のちの渤海)を建国。
699	〃 3	多褹《たね》・夜久《やく》・菴美《あまみ》・度感《とかん》など南島人《なんとうじん》が来朝し，方物を献ず。
701	大宝元	大宝律令完成。
702	〃 2	遣唐使粟田真人ら，入唐。留学僧道慈《どうじ》・弁正《べんしょう》らが随行する。
706	慶雲3	新羅使の帰国に際し，新羅国王宛慰労詔書を付す(慰労詔書の初見)。
709	和銅2	右大臣藤原不比等，来日新羅使と会談。
710	〃 3	藤原京から平城京に遷都。

●—写真所蔵・提供者一覧（敬称略，五十音順）

会田雄次監修『世界歴史シリーズ７　大唐の繁栄』世界文化社，1969年
p. 57上
安藤積産合資会社・京都国立博物館　p. 88上右
石山寺　p. 83, p. 88上左
園城寺編『園城寺文書』第１巻，講談社，1998年　p. 63上・中
学習院大学東洋文化研究所『三国史記』1964年　p. 22
宮内庁正倉院事務所　p. 44, p. 45上
宮内庁書陵部　p. 88下左
田中俊明　p. 48
中国文物精華編輯委員会編『中国文物精華』文物出版社，北京，1997年
p. 25下右
東京国立博物館　p. 57中，p. 62, p. 63下，p. 89
唐招提寺　カバー表
東福寺・便利堂　p. 88下右
奈良文化財研究所　p. 42, 略年表
福岡市教育委員会　カバー裏，p. 92, p. 93上
（財）前田育徳会　扉，p. 45下
著者　p. 25上・下左，p. 57下右・下左

田中健夫ほか編『対外関係史総合年表』吉川弘文館, 1999年
東野治之「鳥毛立女屏風下貼文書の研究」『正倉院文書と木簡の研究』塙書房, 1977年
東野治之『遣唐使と正倉院』岩波書店, 1992年
東野治之『遣唐使船　東アジアのなかで』朝日新聞社, 1999年
西嶋定生『日本歴史の国際環境』東京大学出版会, 1985年
西嶋定生『古代東アジア世界と日本』岩波現代文庫, 2000年
濱田耕策『渤海国興亡史』吉川弘文館, 2000年
濱田耕策『新羅国史の研究』吉川弘文館, 2002年
平野卓治「９世紀における日本律令国家と対新羅『交通』」林陸朗ほか編『日本古代の国家と祭儀』雄山閣出版, 1996年
古畑徹「渤海使節の文化使節的側面」『東北大学東洋史論集』6, 1995年
堀敏一『東アジアのなかの古代日本』研文出版, 1998年
増村宏『遣唐使の研究』同朋舎出版, 1988年
松原弘宣「９世紀代における対外交易とその流通」『愛媛大学法文学部論集　人文科学編』6, 1999年
松原弘宣「鴻臚館交易について」『愛媛大学法文学部論集　人文科学編』10, 2001年
蓑島栄紀『古代国家と北方社会』吉川弘文館, 2001年
村井章介「王土王民思想と９世紀の転換」『思想』847, 1995年
茂在寅男ほか『遣唐使研究と史料』東海大学出版会, 1987年
森克己『遣唐使』(増補版)至文堂, 1966年
森克己『新訂　日宋貿易の研究』国書刊行会, 1975年
森克己『増補　日宋文化交流の諸問題』国書刊行会, 1975年
森公章『古代日本の対外認識と通交』吉川弘文館, 1998年
山内晋次「古代における渡海禁止の再検討」『待兼山論叢』22, 1988年
山内晋次「延暦の遣唐使がもたらした唐・吐蕃情報」『史学雑誌』103－9, 1994年
山内晋次「９世紀東アジアにおける民衆の移動と交流」『歴史評論』555, 1996年
山里純一『古代日本と南島の交流』吉川弘文館, 1999年
李成市『東アジアの王権と交易』青木書店, 1997年
李成市『古代東アジアの民族と国家』岩波書店, 1998年
李成市『東アジア文化圏の形成』山川出版社, 2000年

王勇『唐から見た遣唐使』講談社, 1998年
王勇ほか編「特集　東アジアの遣唐使」『アジア遊学』3, 1999年
王勇ほか編『奈良・平安期の日中文化交流』農山漁村文化協会, 2001年
小野勝年『入唐求法巡礼行記の研究』1～4巻, 鈴木学術財団, 1964～69年
小野勝年『入唐求法行歴の研究』上・下巻, 法蔵館, 1983年
金子修一『隋唐の国際秩序と東アジア』名著刊行会, 2001年
蒲生京子「新羅末期の張保皐の抬頭と反乱」『朝鮮史研究会論文集』16, 1979年
河内春人「東アジアにおける安史の乱の影響と新羅征討計画」『日本歴史』561, 1995年
佐伯有清「9世紀の日本と朝鮮」『日本古代の政治と社会』吉川弘文館, 1970年
佐伯有清『最後の遣唐使』講談社現代新書, 1978年
佐伯有清『円仁』吉川弘文館, 1989年
佐伯有清『円珍』吉川弘文館, 1990年
佐伯有清『悲運の遣唐僧』吉川弘文館, 1999年
佐伯有清『高丘親王入唐記』吉川弘文館, 2002年
坂上康俊「大宝律令制定前後における日中間の情報伝播」池田温ほか編『日中文化交流史叢書』2 法律制度, 大修館書店, 1997年
酒寄雅志『渤海と古代の日本』校倉書房, 2001年
E・V・シャフクノフ「北東アジア民族の歴史におけるソグド人の黒貂の道」『東アジアの古代文化』96, 1998年
杉本一樹「天平の外交と文化」黛弘道編『古文書の語る日本史』1 飛鳥・奈良, 筑摩書房, 1990年
鈴木靖民『古代対外関係史の研究』吉川弘文館, 1985年
鈴木靖民編「特集　渤海と古代東アジア」『アジア遊学』6, 1999年
鈴木靖民編「特集　9世紀の東アジアと交流」『アジア遊学』26, 2001年
田島公「日本の律令国家の『賓礼』」『史林』68－3, 1985年
田島公「日本, 中国・朝鮮対外交流史年表 ― 大宝～文治元年」(奈良県立橿原考古学研究所附属博物館編『貿易陶磁 ― 奈良・平安の中国陶磁』臨川書店, 1993年
田島公「大宰府鴻臚館の終焉」『日本史研究』389, 1995年
田中隆昭ほか編「特集　日本の遣唐使」『アジア遊学』4, 1999年
田中史生『日本古代国家の民族支配と渡来人』校倉書房, 1997年

●—参考文献

日本古代の対外関係史の研究は，近年著しい進展をみせている。本書でも多くの著書・論文を参考にしているが，著書を中心にして，論文(副題は略す)はおもなものをあげるにとどめた。

池田温『東アジアの文化交流史』吉川弘文館，2002年

池田温編『古代を考える　唐と日本』吉川弘文館，1992年

石井正敏「8・9世紀の日羅関係」田中健夫編『日本前近代の国家と対外関係』吉川弘文館，1987年

石井正敏「9世紀の日本・唐・新羅三国間貿易について」『歴史と地理』394，1988年

石井正敏「いわゆる遣唐使の停止について」『中央大学文学部紀要』史学科35，1990年

石井正敏「10世紀の国際変動と日宋貿易」田村晃一ほか編『新版古代の日本』2アジアからみた古代日本，角川書店，1992年

石井正敏「古代東アジアの外交と文書」荒野泰典ほか編『アジアのなかの日本史』Ⅱ外交と戦争，東京大学出版会，1992年

石井正敏「日本・高麗関係に関する一考察」中央大学人文科学研究所編『アジア史における法と国家』中央大学出版部，2000年

石井正敏『日本渤海関係史の研究』吉川弘文館，2001年

石上英一「日本古代10世紀の外交」『東アジアの変貌と日本律令国家』学生社，1982年

石上英一「古代国家と対外関係」『講座日本歴史』2，東京大学出版会，1991年

稲川やよい「『渡海の制』と『唐物使』の検討」『史論』44，1991年

今泉隆雄「律令における化外人・外蕃人と夷狄」羽下徳彦編『中世の政治と宗教』吉川弘文館，1994年

上田雄『渤海使の研究』明石書店，2001年

榎本淳一「『小右記』に見える『渡海制』について」山中裕編『摂関時代と古記録』吉川弘文館，1991年

榎本淳一「唐代の朝貢と貿易」『古代文化』50－9，1998年

榎本淳一「律令貿易管理制度の特質」『工学院大学共通課程研究論叢』38－1，2000年

日本史リブレット 14

東《ひがし》アジア世界《せかい》と古代《こだい》の日本《にほん》

2003年5月30日　1版1刷　発行
2022年8月31日　1版6刷　発行

著者：石井正敏《いしいまさとし》

発行者：野澤武史

発行所：株式会社 山川出版社

〒101－0047　東京都千代田区内神田1－13－13
電話　03(3293)8131(営業)
03(3293)8135(編集)
https://www.yamakawa.co.jp/
振替　00120-9-43993

印刷所：明和印刷株式会社

製本所：株式会社 ブロケード

装幀：菊地信義

Printed in Japan ISBN 978-4-634-54140-5

日本史リブレット　第Ⅰ期［68巻］・第Ⅱ期［33巻］　全101巻

1 旧石器時代の社会と文化
2 縄文の豊かさと限界
3 弥生の村
4 古墳とその時代
5 大王と地方豪族
6 藤原京の形成
7 古代都市平城京の世界
8 古代の地方官衙と社会
9 漢字文化の成り立ちと展開
10 平安京の暮らしと行政
11 蝦夷の地と古代国家
12 受領と地方社会
13 出雲国風土記と古代遺跡
14 東アジア世界と古代の日本
15 地下から出土した文字
16 古代・中世の女性と仏教
17 古代寺院の成立と展開
18 都市平泉の遺産
19 中世に国家はあったか
20 中世の家と性
21 武家の古都、鎌倉
22 中世の天皇観
23 環境歴史学とはなにか
24 武士と荘園支配
25 中世のみちと都市
26 戦国時代、村と町のかたち
27 破産者たちの中世
28 境界をまたぐ人びと
29 石造物が語る中世職能集団
30 中世の日記の世界
31 板碑と石塔の祈り
32 中世の神と仏
33 中世社会と現代
34 秀吉の朝鮮侵略
35 町屋と町並み
36 江戸幕府と朝廷
37 キリシタン禁制と民衆の宗教
38 慶安の触書は出されたか
39 近世村人のライフサイクル
40 都市大坂と非人
41 対馬からみた日朝関係
42 琉球の王権とグスク
43 琉球と日本・中国
44 描かれた近世都市
45 武家奉公人と労働社会
46 天文方と陰陽道
47 海の道、川の道
48 近世の三大改革
49 八州廻りと博徒
50 アイヌ民族の軌跡
51 錦絵を読む
52 草山の語る近世
53 21世紀の「江戸」
54 近代歌謡の軌跡
55 日本近代漫画の誕生
56 海を渡った日本人
57 近代日本とアイヌ社会
58 スポーツと政治
59 近代化の旗手、鉄道
60 情報化と国家・企業
61 民衆宗教と国家神道
62 日本社会保険の成立
63 歴史としての環境問題
64 近代日本の海外学術調査
65 戦争と知識人
66 現代日本と沖縄
67 新安保体制下の日米関係
68 戦後補償から考える日本とアジア
69 遺跡からみた古代の駅家
70 古代の日本と加耶
71 飛鳥の宮と寺
72 古代東国の石碑
73 律令制とはなにか
74 正倉院宝物の世界
75 日宋貿易と「硫黄の道」
76 荘園絵図が語る古代・中世
77 対馬と海峡の中世史
78 中世の書物と学問
79 史料としての猫絵
80 寺社と芸能の中世
81 一揆の世界と法
82 戦国時代の天皇
83 日本史のなかの戦国時代
84 兵と農の分離
85 江戸時代のお触れ
86 江戸時代の神社
87 大名屋敷と江戸遺跡
88 近世商人と市場
89 近世鉱山をささえた人びと
90 「資源繁殖の時代」と日本の漁業
91 江戸の浄瑠璃文化
92 江戸時代の老いと看取り
93 近世の淀川治水
94 日本民俗学の開拓者たち
95 軍用地と都市・民衆
96 感染症の近代史
97 陵墓と文化財の近代
98 徳富蘇峰と大日本言論報国会
99 労働力動員と強制連行
100 科学技術政策
101 占領・復興期の日米関係